W9-BFY-321

# P. OVIDII NASONIS

# ARS AMATORIA

AD VSVM DISCIPVLORVM EDIDIT
HANS H. ØRBERG
NONNVLLIS VERSIBVS DEMPTIS

DOMVS LATINA

MMX

## NOTAE

| | | | |
|---|---|---|---|
| = | idem atque | *f* | fēminīnum |
| : | id est | *fut* | futūrum |
| ↔ | contrārium | *gen* | genetīvus |
| < | factum/ortum ex | *Gr* | Graecē |
| / | sīve | *ind* | indicātīvus |
| + | cum, atque, additur | *indēcl* | indēclīnābile |
| — | syllaba longa | *īnf* | īnfīnītīvus |
| ∪ | syllaba brevis | *m* | masculīnum |
| \| | syllabae dīvidendae | *n* | neutrum |
| ⌒ | vōcālēs coniungendae | *nōm* | nōminātīvus |
| .......... | versūs dēmptī | *pāg.* | pāgina |
| *1, 2, 3* | persōna I, II, III | *part* | participium |
| a.C. | ante Chrīstum (nātum) | *pass* | passīvum |
| *abl* | ablātīvus | *perf* | perfectum |
| *acc* | accūsātīvus | *pl, plūr* | plūrālis |
| *adi* | adiectīvum | *praes* | praesēns |
| *adv* | adverbium | *prp* | praepositiō |
| *cap.* | capitulum | *sg, sing* | singulāris |
| *comp* | comparātīvus | *sup I/II* | supīnum I/II |
| *coni* | coniūnctīvus | *v.* | versus |
| *dat* | datīvus | *voc* | vocātīvus |

OVIDII ARS AMATORIA
edidit Hans H. Ørberg

© *Domus Latina*, Hans H. Ørberg, 2010
www.lingua-latina.dk
Omnia proprietatis iura reservantur

ISBN 978-87-90696-18-2

# RES QVAE HOC LIBRO CONTINENTVR

In margine pāginārum explānantur vocābula
quae nōn reperiuntur in librīs quibus titulus est
LINGVA LATINA PER SE ILLVSTRATA
I. FAMILIA ROMANA, II. ROMA AETERNA cap. XXXVI–XL

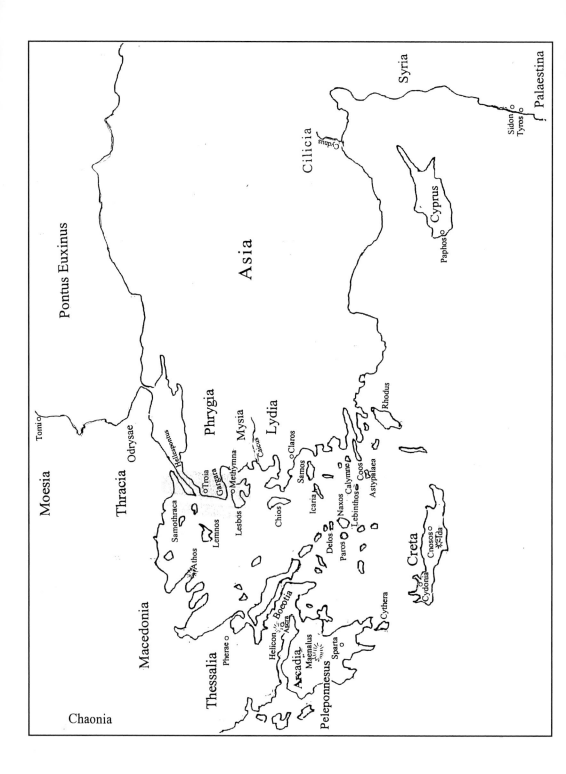

Chaonia

Moesia

Pontus Euxinus

Thracia

Odrysae

Macedonia

Hellespontus

Samothraca

Lemnos

Athos

Thessalia

Pherae

Troia

Gargara

Methymna

Lesbos

Chios

Phrygia

Mysia

Caicus

Claros

Lydia

Samos

Icaria

Asia

Cilicia

Cydnus

Syria

Palaestina

Sidon

Tyros

Cyprus

Paphos

Rhodus

Naxos

Calymne

Coos

Lebinthos

Astypalaea

Delos

Paros

Helicon

Boeotia

Ascra

Arcadia

Maenalus

Sparta

Peleponnesus

Cythera

Creta

Cnosos

Ida

Cydonia

Tomi

# DE OVIDIO POETA

P. Ovidius Nāsō nātus est Sulmōne in cīvitāte

mediae Italiae annō XLIII ante Chrīstum nātum.

Postquam Rōmam migrāvit pater fīlium adu-

lēscentem ad studium artis ōrātōriae hortābātur,

5 quamvīs fīliō magis placēret ars poētica. Ipse

haec refert dē studiō suō:

*Saepe pater dīxit: "Studium quid inūtile temptās?*

*Maeonidēs nūllās ipse relīquit opēs!"*

*Mōtus eram dictīs, tōtōque Helicōne relictō*

10 *scrībere temptābam verba solūta modīs.*

*Sponte suā carmen numerōs veniēbat ad aptōs,*

*et quod temptābam dīcere versus erat!*

Rōmae Ovidius, cum poētās cognōvisset Vergi-

lium, Horātium, Tibullum, Propertium, ipse versūs

15 elegōs scrībere coepit: *Amōrēs*, trēs librōs dē amōri-

bus suīs cum puellā quam fictō nōmine 'Corinnam'

vocat, et *Hērōidēs*, epistulās quās fēminās celebrēs,

'hērōidēs' quae vocantur, ad virōs et amātōrēs suōs

scrīpsisse fingit, ut *Penelopē Ulixī, Dīdō Aenēae,*

---

Nāsō -ōnis *m*, cognōmen
Sulmō -ōnis *m*
cīvitās -ātis *f* (< cīvis) = oppidum

migrāre = in alium locum habitātum trānsīre

ōrātōrius -a -um < ōrātor

quam-vīs + *coni/ind* = quamquam + *ind*

re-ferre = memorāre, nārrāre

*Trīstia IV.10.21–26*
temptāre = cōnārī

Maeonidēs -is *m*, Homērus, poēta Graecus illūstrissimus (< Maeonia = Lȳdia, Homērī patria); nūllās opēs relīquit : pauper mortuus est
Helicōn -ōnis *m*, mōns Boeōtiae Mū-sīs et Apollinī sacer : ars poētica

verba solūta modīs : ōrātiōnem solū-tam (*ā* modīs : ā lēgibus versuum)

sponte suā = per sē (nūllō adiuvante)
aptus -a -um = idōneus, conveniēns
ad aptōs numerōs : ad aptās syllabās et pedēs (dactylōs et spondēōs)

Propertius -ī *m*, poēta Rōmānus (annō 60–19 a.C.); versūs *elegōs* scrīpsit (versūs) elegī -ōrum *m pl.*: hexametrī + pentametrī; hī versūs praecipuē sunt dē amōre

fingere fīnxisse fictum = arte effi-cere, falsum excōgitāre (fictus -a -um : falsus)

celeber -bris -e = nōbilis, illūstris
hērōs -ōis *m*, hērōis -idis *f* = homō ēgregius antīquae aetātis
amātor -ōris *m* = quī amat, amāns

Penelopē -ēs *f*, uxor Ulixis fīdissima; Ulixēs (-is *m*) post errōrēs X annō-rum Trōiā rediit ad uxōrem suam

Iāsōn -onis *m*, dux *Argonautārum*, hērōum quī nāve (nōmine *Argō*) in *Colchidem* profectī sunt, ubi Iāsōn *Mēdēam* rēgis filiam uxōrem dūxit, sed posteā dēseruit
Argonautae -ārum *m pl* | Argō -ūs *f*
Colchis -idis *f*, regiō Asiae longinqua
vulgus -ī *n* (*acc* -us, *dat/abl* -ō) = populus, cīvēs

(librum) ē-dere -didisse -ditum = vulgō legendum dare

perītus -a -um = expertus, doctus
prae-cipere -iō -cēpisse -ceptum = dīcere quid agendum sit, docēre
nancīscī nactum = habēre incipere, invenīre

amātōrius -a -um < amātor; ars amātōria = ars amandī

remedium -ī *n* = rēs quā aegrī sānantur

medērī + *dat* = sānāre

gravis -e : sērius

metamorphōsis -is *f*, *pl* -ēs -eōn (*Gr*) = mūtātiō -ōnis *f* < mūtāre

prīscus -a -um = antīquus

(diēs) fāstus/nefāstus: quō fās/nefās est negōtia agere (iūs dīcere) 'fāstī' (-ōrum *m pl*) dīcitur kalendārium diērum fāstōrum et fēstōrum

cōn-scrībere = scrībere

ē-dīcere = pūblicē imperāre
Tomī -ōrum *m*
Moesia -ae *f*, prōvincia Rōmāna inter Dāciam et Thrāciam
re-lēgāre = ex patriā exīre cōgere

*Ariadna Thēseō, Mēdēa Iāsonī.* Hī librī tam grātī 20
vulgō fuērunt ut poēta novum carmen dē 'arte
amandī' scrībere inciperet. Annō post Chrīstum
nātum secundō ēdidit duōs librōs, quibus amātor
perītus virīs praecipit quōmodo fēminās amandās
nancīscantur, mox tertium librum addidit ad fēmi- 25
nās scrīptum. Huic operī titulus est *Ars amātōria.*
Secūtus est liber quī īnscrībitur *Remedia amōris*,
quō poēta 'vulneribus amōris' medērī cōnātur.

Aetāte prōgressus Ovidius carmina amātōria re-
linquēns opera graviōra scribere cōnstituit. Prīmum 30
ēdidit *Metamorphōsēs*, quīndecim librōs in quibus
versibus hexametrīs prīscās fābulās nārrat dē mūtā-
tiōnibus mīrābilibus hominum atque rērum, deinde
*Fāstōs* scrībere coepit, id est kalendārium poēticum
dē rēbus gestīs Rōmānōrum quae certīs annī diēbus 35
ēvēnērunt. Poēta in animō habēbat tot librōs cōn-
scrībere quot mēnsēs sunt in annō, sed cum dīmidiam operis partem, sex librōs, cōnfēcisset, Caesar
Augustus subitō ēdīxit ut P. Ovidius Nāsō Tomōs,
in cīvitātem Moesiae maritimam, relēgārētur! Duo 40

crīmina in eum allāta sunt, quae ipse 'carmen' et 'errōrem' vocat. 'Carmen' est *Ars amātōria*, quā 'adulterium docēre' arguēbātur atque 'mātrōnās pudīcās corrumpere', sed quāle factum Ovidiī

45 'error' dīcātur, ignōrāmus, ipse enim dīcit 'factī culpam sibi silendam esse':

*Perdiderint cum mē duo crīmina: carmen et error,*

*alterĭus factī culpa silenda mihī.* ............

*Altera pars superest, quā 'turpī carmine factus'*

50 *arguor 'obscēnī doctor adulteriī!'*

Māximō cum dolōre poēta urbem dīlēctam atque amīcōs suōs Rōmānōs relīquit ut exul in terram sibi ignōtam proficīscerētur. Ex exiliō suō duo carmina Rōmam mīsit quae īnscrībuntur *Trīstia* et *Epistulae*

55 *ex Pontō.* In illīs carminibus dē fortūnā suā adversā flēbiliter questus est.

Post exilium decem annōrum Ovidius Tomīs dē vītā dēcessit annō XVIII post Chrīstum nātum.

---

crīmen -inis *n* = quod accūsātur, maleficium accūsandum

error -ōris *m* : mendum, factum eius quī dē rēctīs mōribus aberrat
adulterium -ī *n* < *adulter* -erī *m* = vir quī aliēnam uxōrem amat
arguere -uisse -ūtum = accūsāre
pudīca -ae *adi f* = quae nūllum virum nisi marītum suum amat
cor-rumpere = prāvum facere

culpa -ae *f* = causa accūsandī
(rem) silēre/tacēre = nōn dīcere
*Trīstia II.207-208, 211-212*
cum duo crīmina mē perdiderint: ...

culpa alterĭus factī mihĭ silenda *est*

super-esse = re-stāre
quā arguor 'turpī carmine doctor obscēnī adulteriī factus *esse*'
obscēnus -a -um = sordidus, turpis
doctor -ōris *m* = quī docet; adulteriī doctor factus esse : adulterium docuisse
dīligere -lēxisse -lēctum: dīlēctus -a -um = cārus

exul -is *adi* = extrā patriam vīvēns, profugus

exilium -ī *n* (< exul) = vīta extrā patriam

Pontus *Euxīnus* (-ī *m*), mare inter Eurōpam et Asiam; terrae quibus Pontus cingitur (ut Moesia)
flēbilis -e (< flēre) = trīstissimus
querī questum esse

dē vītā dē-cēdere : morī

---

7

Chīrōn centaurus Achillem
puerum cithara docet

centaurus -ī *m*, mōnstrum cui
pars corporis superior virī,
īnferior equī erat

cithara -ae *f* = fidēs; citharā
docēre = citharā/fidibus
canere docēre

# ARTIS AMATORIAE

## LIBER PRIMVS

*[Poēta: artifex et praeceptor amōris]*

Sī quis in hōc artem populō nōn nōvit amandī

hoc legat – et lēctō carmine doctus amet!

Arte citae vēlōque ratēs rēmōque moventur,

arte levēs currūs: arte regendus amor.

5 Curribus Automedōn lentīsque erat aptus habēnīs,

Tīphys et Haemoniā puppe magister erat:

mē Venus artificem tenerō praefēcit Amōrī;

'Tīphys et Automedōn' dīcar 'Amōris' egō.

Ille quidem ferus est et quī mihi saepe repugnet,

10 sed puer est, aetās mollis et apta regī.

Phillyridēs puerum citharā perfēcit Achillem,

atque animōs placidā contudit arte ferōs.

Quī totiēns sociōs, totiēns exterruit hostēs,

crēditur annōsum pertimuisse senem:

15 quās Hector sēnsūrus erat, poscente magistrō

verberibus iussās praebuit ille manūs.

Aeacidae Chīrōn, ego sum praeceptor Amōris:

artifex -ficis *m* = quī artem scit
praeceptor -ōris *m* = quī praecipit, magister

sī quis in hōc populō (: populō Rōmānō) artem amandī nōn nōvit

habēnae -ārum *f pl*

citus -a -um = celer | ratis -is *f*: nāvis
arte vēlōque rēmōque citae ratēs moventur, arte *moventur* levēs currūs: arte regendus *est* amor
Automedōn -ontis *m*, aurīga Achillis
lentus -a -um = mollis, quī flectitur aptus habēnīs (*dat*) = aptus ad habēnās (: ad regendōs equōs)
Tīphys -yis *m*, gubernātor Argūs; et T. erat magister *in* puppī Haemoniā (: gubernātor nāvis Haemoniae)
Haemonius -a -um < *Haemoenia* -ae *f* = Thessalia, unde vēnit Argō
Venus mē artificem (: praeceptōrem) praefēcit tenerō (: puerō) Amōrī
Amor -ōris *m* = Cupīdō, deus amōris (puer arcū et face armātus) | ego

et quī ... repugn*et* : et tam ferus ut ... repugnet

aetās *eī est* mollis et apta regī (: ad regendum)
Phillyridēs -ae *m*: *Chīrōn* -ōnis *m*, fīlius *Phillyrae* Nymphae, centaurus doctus quī Achillem puerum citharā (fidibus) perfēcit (: docuit)
con-tundere -tudisse -tūsum = frangere; placidā arte anim*um* fer*um* contudit (: pārentem fēcit)
*is* (: Achillēs) quī... | totiēns = totiēs
*adv* -iēns = -iēs: tot*iēns*, quot*iēns*
annōsus -a -um = mult*ōrum* annō*rum*; annōsum senem : Chīrōnem
per-timēscere -muisse = timēre incipere
*eās* manūs quās Hector sēnsūrus erat ... ille iussās (: ut iussus erat) verberibus (: verberandās) praebuit
praebēre -uisse -itum = offerre, dare

Aeacidēs -ae *m*: Achillēs, *Aeacī* nepōs (Aeacus -ī *m*, Iovis fīlius, rēx); Aeacidae *praeceptor fuit* Chīrōn

uterque : et Achillēs et Amor
nātus deā : filius deae: Achillēs, filius
  *Thetidis*, deae maris (Thetis -idis *f*)

cervīx -īcis *f* = collī pars posterior
frēna -ōrum *n* = ferrum positum in
  ōre equī ad eum regendum
magn-animus -a -um = fortis
frēna teruntur dente equī magnanimī
terere = ūsū cōnsūmere/minuere

cēdere +*dat* (↔ repugnāre) : pārēre
quamvīs me*um* pect*us* vulneret arcū
  (: sagittā)
ex-cutere -iō -cussisse -cussum (< ex
  + quatere) = quatere; iactā*tam* face*m*

(sagittā) fīgere = percutere, laedere
violentus -a -um = vī ūtēns; *adv* violenter, *comp* violentius
quō ... hōc +*comp* = quantō ... tantō;
  quō violentius mē fīxit Amor ......,
  hōc melior factī vulneris ultor erō
  (: melius vulnus factum ulcīscar)
Phoebus -ī *m* = Apollō: deus vātum
et poētārum | artēs mihi datās *esse*
nec *ego* mone*or* | āerius -a -um < āēr
cantū avium poētae monērī solent
Cliō -ūs *f*, Mūsa; Cliūs sorōrēs: cē-
terae Mūsae (Iovis filiae)
mihi vīsae sunt = mihi appāruērunt
*Hēsiodus* poēta nārrat 'sibi Mūsās ap-
pāruisse, dum ovēs servāret (cūstō-
dīret) in valle ad Ascram oppidum'
*in* valle tu*ā*, Ascra (sub Helicōne)
Ascra -ae *f*, in Boeōtiā, Hēsiodī patria
ūsus (: quod expertus sum) hoc opus
movet | vātēs -is *m* : poēta

coepta -ōrum *n pl* = opus coeptum
māter Amōris: Venus

vitta -ae *f*, mātrōnae vēlum capitis
īnsigne -is *n* = quod rem significat;
  ī. pudōris : quod pudōrem significat
pudor : *pudīcitia* -ae *f* < pudīca
īnstita -ae *f*, mātrōnae vestis longa
*tū*que īnstita longa quae tegis...

*ego... can*am | venus -eris *f* = amor
con-cēdere = permittere (↔ vetāre)
fūrtum -ī *n* = quod clam fit
in meō carmine nūllum crīmen erit

saevus uterque puer, nātus uterque deā.

Sed tamen et taurī cervīx onerātur arātrō,

frēnaque magnanimī dente teruntur equī; 20

et mihi cēdet Amor, quamvīs mea vulneret arcū

pectora, iactātās excutiatque facēs.

Quō mē fīxit Amor, quō mē violentius ussit,

hōc melior factī vulneris ultor erō.

Nōn ego, Phoebe, 'datās ā tē mihi' mentiar 'artēs', 25

nec nōs āeriae vōce monēmur avis;

nec mihi sunt vīsae Cliō Cliūsque sorōrēs

servantī pecudēs vallibus, Ascra, tuīs.

Ūsus opus movet hoc: vātī pārēte perītō,

vēra canam – coeptīs, māter Amōris, ades! 30

Este procul, vittae tenuēs, īnsigne pudōris,

quaeque tegis mediōs īnstita longa pedēs!

Nōs venerem tūtam concessaque fūrta canēmus

inque meō nūllum carmine crīmen erit.

ex-ōrāre (+*acc*) = persuādēre (+*dat*)

quod (: eam quam) amāre velīs
reperīre labōrā! = labōrā ut reperiās!
  [*labor prīmus*]
*tū* quī nunc prīmum venīs mīles in
  nova arma! (: amātor mīlitāns!)

*[Dē puellā reperiendā, exōrandā, tenendā]*

Prīncipiō, quod amāre velīs reperīre labōrā 35

quī nova nunc prīmum mīles in arma venīs!

Proximus huic labor est placitam exōrāre puellam;

tertius: ut longō tempore dūret amor.

Hic modus. Haec nostrō signābitur ārea currū;

40  haec erit admissā mēta premenda rotā.

mēta
-ae f

[*Ubi puella quaerenda sit*]

Dum licet et lōrīs passim potes īre solūtīs

ēlige cui dīcās "tū mihᵢ sōla placēs!"

Haec tibi nōn tenuēs veniet dēlāpsa per aurās:

quaerenda est oculīs apta puella tuīs.

45 Scit bene vēnātor, cervīs ubi rētia tendat,

scit bene, quā frendēns valle morētur aper;

aucupibus nōtī fruticēs; quī sustinet hāmōs

nōvit quae multō pisce natentur aquae.

Tū quoque, māteriam longō quī quaeris amōrī,

50  ante frequēns quō sit disce puella locō!

Nōn ego quaerentem ventō dare vēla iubēbō,

nec tibi ut inveniās longa terenda via est.

Andromedam Perseûs nigrīs portārit ab Indīs,

raptaque sit Phrygiō Grāia puella virō –

---

proximus huic labor: *labor secundus*
placitus -a -um = quī placet, grātus
[*labor prīmus:* I.41–262, *secundus:*
I.263–770, *tertius:* II]
dūrāre = (diū) manēre

modus = fīnis statūtus; hic *est* modus
signāre = (signō) statuere; haec ārea
nostrō (: meō) currū signābitur
ārea -ae *f* = locus apertus : circus
mēta -ae *f* = (in circō) lapis quō extrēmus cursus signātur; haec erit
mēta admissā rotā premenda
admittere = currere sinere; admis-
sus -a -um : celerrimus
poēta simulat sē aurīgam circēnsibus
mētam premere (tangere) currū

rota
-ae *f*

lōra -ōrum *n pl* = habēnae; lōrīs solūtīs : līberē (nōndum uxōre ductā!)
passim *adv* = longē lātēque, ubīque

ēlige *aliquam* cui dīcās (: tam pulchram ut eī dīcās): "..."

dē-lābī -lāpsum; per tenuēs aurās

hāmus
-ī *m*

vēnātor -ōris *m* = quī vēnātur (rētia
in silvā tendit ut bēstiās capiat)
*in* quā valle frendēns aper morētur
frendere = īrātus dentēs movēre/os-
tendere
auceps -cupis *m* = quī avēs capit
frutex -icis *m* = arbor humilis; fruticēs aucupibus nōtī *sunt*
quī sustinet hāmōs : piscātor
aquam natāre = in aquā natāre: quae
aquae multīs piscibus nātentur : in
quibus aquīs multī piscēs natent
māteriam longō amōrī : fēminam
diū amandam
ante *adv* = anteā, prius; disce quō
locō frequēns sit puella (: frequen-
tēs sint puellae)

*tē* quaerentem
ventō vēla dare : nāve proficīscī

viam terere = viā ūtī, viā īre
Andromeda -ae *f*, virgō quam amāvit
*Perseus* (-ī *m*) et ab *Indīs* servāvit
Indī -ōrum *m pl* < *India* -ae *f* | nig|rīs
portāverit *coni perf*: portāvit quidem
Grāius -a -um = Graecus; Grāia pu-
ella (: *Helena*) ā virō Phrygiō (: *Pa-
ride*) rapta sit (: rapta quidem est)
Phrygius -a -um < *Phrygia* -ae *f*

(*at*) Rōma tibi dabit tot tamque fōrmōsās puellās ut dīcās: "..."

tot tibi tamque dabit fōrmōsās Rōma puellās 55

haec *urbs* (: Rōma)
quic-quid = qui*d*-quid (puellārum)

"haec habet" ut dīcās "quicquid in orbe fuit!"

Gargara/Mēthymna -ae *f*, loca Phry-
giae/Lesbī frūmentō/vīnō fertilissi-
ma | seges -etis *f* = ager frūmentī
racēmus -ī *m* = ūva
quot ......, tot: <u>quot</u> segetēs G. *habet*,
quot racēmōs habet M., quot piscēs
*in* aequore *sunt, quot* avēs fronde teguntur, quot caelum stēllās *habet*,
<u>tot</u> puellās habet tua Rōma

Gargara quot segetēs, quot habet Mēthymna racēmōs,

aequore quot piscēs, fronde teguntur avēs,

quot caelum stēllās, tot habet tua Rōma puellās:

māter Aenēae (: Venus) in urbe suī
*fīliī* cōnstitit | cōnsistere -stitisse

māter in Aenēae cōnstitit urbe suī. 60

(*amōre*) capī : incendī
prīmīs ... annīs : prīmā aetāte (puellae)

Seu caperis prīmīs et adhūc crēscentibus annīs,

ante oculōs veniet vēra puella tuōs;

iuvenis -is *f* = fēmina iuvenis

sīve cupis iuvenem, iuvenēs tibi mīlle placēbunt:

vōtum -ī *n* = quod optātur, voluntās
ne-scius -a -um +*gen* = ne-sciēns;
tuī vōtī nescius esse : nescīre quid
tibi optandum sit
sērus -a -um = posterior (tempore);
*adv* sērō, *comp* sērius
hoc agmen (: haec multitūdō *fēminā-*
*rum aetātis sapientiōris*)
plēnius *comp* = satis plēnum

cōgēris vōtī nescius esse tuī.

Seu tē forte iuvat sēra et sapientior aetās, 65

hoc quoque – crēde mihī! – plēnius agmen erit.

*Octāvia*, Augustī soror, porticum dē-
dicāvit fīliō *Mārcellō*, cui iam alia
mūnera (ut theātrum) dēdicāta erant
porticūs: *Pompēiī, Octāviae* (in campō Mārtiō), *Līviae* (in Ēsquiliīs)
sub umbrā Pompēiā : in porticū
Pompēiī | lentus ↔ celer
spatiārī = ambulāre
Leō: sīdus; cum sōl terg*um* Leōnis
adit : mēnse Iūliō/Augustō
Herculeus -a -um < Herculēs; Leō
Herculeus: ab Hercule necātus
māter (Octāvia) mūneribus nātī (Mārcellī) su*um* mūn*us* (: porticum) addidit, opus externō marmore dīves
externus -a -um (↔ internus) : extrā
Italiam repertus
nec tibi vītētur (: vītanda est) porticus
quae nōmen auctōris habet: '*Līvia*'
prīscīs sparsa tabellīs : ōrnāta multīs
prīscīs tabellīs *pictīs* (: imāginibus)
auctor -ōris *m/f* = quī/quae prīmum
rem cōnstituit; *Līvia*, uxor Augustī,
porticum cōnstituit in Ēsquiliīs

[*Porticūs*]

Tū modo Pompēiā lentus spatiāre sub umbrā,

cum sōl Herculeī terga Leōnis adit,

aut ubi mūneribus nātī sua mūnera māter

addidit, externō marmore dīves opus; 70

nec tibi vītētur quae – prīscīs sparsa tabellīs –

porticus auctōris 'Līvia' nōmen habet.

............ [*Templa, Forum*]

gradūs

## [*Theātrum*]

89 Sed tū praecipuē curvīs vēnāre theātrīs,

90     haec loca sunt vōtō fertiliōra tuō.

Illīc inveniēs quod amēs, quod lūdere possīs,

quodque semel tangās, quodque tenēre velīs.

Ut redit itque frequēns longum formīca per agmen,

grāniferō solitum cum vehit ōre cibum,

95 aut ut apēs saltūsque suōs et olentia nactae

pāscua per flōrēs et thyma summa volant,

sīc ruit ad celebrēs cultissima fēmina lūdōs;

cōpia iūdicium saepe morāta meum est.

Spectātum veniunt – veniunt spectentur ut ipsae!

100     Ille locus castī damna pudōris habet.

## [*Rapīna Sabīnārum*]

Prīmus sollicitōs fēcistī, Rōmule, lūdōs,

cum iūvit viduōs rapta Sabīna virōs.

Tunc neque marmoreō pendēbant vēla theātrō,

nec fuerant liquidō pulpita rubra crocō;

105 illīc quās tulerant nemorōsa Palātia frondēs

simpliciter positae, scaena sine arte fuit;

*in* curvīs theātrīs (: quibus curvī sunt gradūs spectātōrum)

vōtō tuō fertiliora = fertiliōra quam vōtum tuum (: quam optās)

inveniēs *aliquod* quod amēs, quod... : *aliquam quam* amēs, quam... lūdere + *acc* = ē-lūdere

formīca -ae *f*

ut formīca frequēns per longum agmen redit it-que (: it redit-que) grānum -ī *n* = sēmen frūmentī grāni-fer -a -um = grānum ferēns cum solitum cibum vehit ōre grāniferō cibus *solitus* : cibus quem ēsse solet saltus -ūs *m* = silva in montibus olēre = (bonum) odōrem ēmittere saltūsque ... nactae : cum saltūs suōs et olentia pāscua nactae sunt pāscua -ōrum *n pl* = loca ubi pecus pāscitur

thymum -ī *n*

cultus -a -um = mundus, ōrnātus

cōpia -ae *f* = multitūdō morārī + *acc* = morantem facere

castus -a -um = probus, pūrus damnum -ī *n* = iactūra (↔ lucrum) : illō locō casta pudīcitia perit

Sabīnī -ōrum *m pl* = gēns Italiae; *adi* Sabīnus -a -um, *f* fēmina Sabīna Rōmulus, cum Romam condidisset, Sabīnōs in novam urbem vocāvit et lūdīs virginēs Sabīnās rapī iussit! rapīna -ae *f* < rapere

sollicitus -a -um (↔ tūtus) = cūrā affectus iuvāre iūvisse = dēlectāre; cum rap-*tae* Sabī*nae* virōs viduōs iūv*ērunt* viduus -a -um = sine coniuge *in* marmoreō theātrō; vēla: quae spectātōribus umbram dant pulpita -ōrum *n pl* = scaena | fu*ērunt* liquidus -a -um = fluēns (ut aqua, lac, vīnum), *n* māteria liquida | <u>rub</u>-ra crocum -ī *n* = fluidum rubrum et olēns quō perfunduntur pulpita nemorōsus -a um < *nemus* -*oris n* = silva; nemorō*sum* Palāti*um* tuler*at* sim-plex -icis *adi* = ē singulīs cōn-stāns, nōn ōrnātus; *adv* simpliciter = sine arte | positae *erant*

caespes -itis *m*
= herba cum
terrā secta
quī- quae- quod-libet = quīcumque
(libet); quā-libet fronde tegente...
hirsūtus -a -um = horrēns

notāre = animadvertere, quaerēns
spectāre

(pectore) movent = cōgitant

lūdīs scaenicīs *tībīcen* canit et *lūdius*
ad cantum *saltat;* saltāre = arte salīre et membra movēre
modus -ī *m* = cantus; rudem modum
praebēre = rudī modō canere
Tūscus -a -um, ex Etrūriā
lūdius -ī *m* = quī saltat in theātrō
aequāre = aequum facere; aequātus
↔ curvus (aequātam humum : solum scaenae, pulpita)
plausus -ūs *m* < plaudere

signa : sign*um*
∪—∪: dēsunt 3 syllabae [pe|tī-ta?]

ex-silīre -uisse < ex + salīre

virginibus-que in-iciunt...
in-icere -iō -iēcisse -iectum (+*dat*)
< in + iacere

ut columbae, timidissima
turba, aquilās fugiunt

agnus -ī *m;* agna -ae *f*
novellus -a -um
= parvulus              columba
                        -ae *f*

~ēre = ~ērunt: timu*ēre* = timu*ērunt*

cōn-stāre -stitisse = cōnstāns manēre
color quī ante (: anteā) fuit

faciēs -ēī *f* = fōrma

laniāre = scindere

geniālis -e = iugālis (lectus geniālis
= lectus coniugum)

decēre : pulchriōrēs facere

---

in gradibus sēdit populus dē caespite factīs,

 quālibet hirsūtās  fronde tegente comās.

Respiciunt oculīsque notant sibi quisque puellam

 quam velit, et tacitō  pectore multa movent.     110

Dumque – rudem praebente

 modum tībīcine Tūscō –

tībīcen
et
lūdius

lūdius aequātam ter pede pulsat humum,

in mediō plausū – plausūs tunc arte carēbant –

 rēx populō praedae  signa ∪ — ∪ dedit.

Prōtinus exsiliunt animum clāmōre fatentēs,     115

 virginibus cupidās  iniciuntque manūs!

Ut fugiunt aquilās – timidissima turba – columbae

 utque fugit vīsōs  agna novella lupōs,

sīc illae timuēre virōs sine lēge ruentēs

 – cōnstitit in nūllā  quī fuit ante color!     120

Nam timor ūnus erat, faciēs nōn ūna timōris:

 pars laniat crīnēs,  pars sine mente sedet;

altera maesta silet, frūstrā vocat altera 'mātrem!'

 haec queritur, stupet haec,  haec manet, illa fugit.

Dūcuntur raptae – geniālis praeda – puellae,     125

 et potuit multās  ipse decēre timor!

Sī qua repugnārat nimium comitemque negārat,

>sī qua = sī aliqua (puella)
>-ārat = -āverat (*plūsquamperf*)

sublātam cupidō  vir tulit ipse sinū

>sinus -ūs *m* = pectus
>vir *eam* sublātam ipse tulit *in*
>cupidō sinū (pectore)

atque ita "Quid tenerōs lacrimīs corrumpis ocellōs?

>cor-rumpere = prāvum facere,
>foedum facere

130  Quod mātrī pater est  hoc tibi" dīxit "erō."

Rōmule, mīlitibus scīstī dare commoda sōlus

>scīstī = scī*vī*stī
>commodus -a -um = aptus, grātus;
>*n* = bonum, rēs grāta, beneficium

– haec mihi sī dederis  commoda, mīles erō!

Scīlicet ex illō sollemnia mōre theātra

>mōs mōris *m* : factum imitandum
>sollemnis -e = quī fēstīs diēbus fierī
>solet, diīs dignus

nunc quoque fōrmōsīs  īnsidiōsa manent.

>īnsidiōsus -a -um (< īnsidiae) = perī-
>culōsus

## [*Circus et Amphitheātrum (Forum)*]

>lūdī gladiātōriī nōn modo in *Amphi-*
>*theātrō* sed etiam in *Forō* dabantur

135 Nec tē nōbilium fugiat certāmen equōrum,

>nec tē fugiat : nec tibi vītanda est
>certāmen equōrum : lūdī circēnsēs

multa capāx populī  commoda Circus habet.

>capāx -ācis *adi* = quī multōs capit;
>+*gen:* (Circus) capāx populī = quī
>populum (cīvēs multōs) capit

Nīl opus est digitīs per quōs arcāna loquāris,

>nīl = *ni*hil, *adv* = nūllō modō, nōn
>digitīs : signīs digitīs factīs
>arcānus -a -um = clam factus, cēlan-
>dus; *n* = rēs cēlanda/tacenda

nec tibi per nūtūs accipienda nota est.

>nūtus -ūs *m* = signum caput movendī
>nota -ae *f* = nūntius signō datus

Proximus ā dominā nūllō prohibente sedētō;

>proximus ā +*abl* = proximus +*dat*
>domina : amīca (quae dominātur!)

140  iunge tuum laterī  quā potes ūsque latus!

>iunge tuum latus laterī ūsque (: ūsque
>ad latus *puellae*) quā potes (: tantum
>quantum potes)

Et bene, quod cōgit – sī nōlīs – līnea iungī,

>et bene *est* quod līnea *vōs* iungī
>*sīve* velīs *sīve* nōlīs; līnea: quā locus
>singulōrum spectātōrum signātur

quod tibi tangenda est  lēge puella locī.

>quod puella tibi tangenda est lēge
>locī (: ut lēge dē locō statūtum est)

Hīc tibi quaerātur sociī sermōnis orīgō,

>tibi (: ā tē) quaerātur orīgō sermōnis
>: tū initium faciās sermōnis
>socius -a -um = commūnis; sermō
>socius = sermō inter sociōs

et moveant prīmōs  pūblica verba sonōs:

>pūblica verba prīmōs sonōs moveant
>(: prīmum dīcantur)

145 'Cuius equī veniant?': facitō – studiōse! – requīrās

>fac + *coni:* fac/facitō (*ut*) requīrās!
>= requīre! (facitō *imp fut*)
>studiōse! *voc* (: quasi studiōsus sīs!)

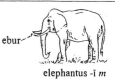

ebur·

elephantus -ī *m*

**nec mora** *(adv)* = ac prōtinus
quisquis *aurīga* erit cui favet illa,
*eī* favē!

**pompa** *-ae f* = agmen sollemne cīvium; p. frequēns : multōrum cīvium
**caelestēs** *-ium m pl* = diī; *cum* caelestibus (: signīs deōrum) eburnīs
**eburnus** *-a -um* = ex ebore factus;
*ebur* *-oris n*, māteria candida et
pretiōsa: dēns *elephantī*

**pulvis** *-eris m* = sordēs sicca sparsa
sī forte in gremium puellae pulvis
dē-ciderit, ut fit (: ut fierī solet)
**dē-cidere** *-disse* < dē + cadere
**ex-cutere** < ex + quatere = tollere
(dētergēre) quatiendō
**excute** nūllum *pulverem!* : simulā tē
pulverem excutere!

**quae-libet** causa sit apta officiō tuō
: ad officium tuum praestandum

sī palli*um* nimium dēmiss*um* (: pendēns) *in* terrā iacēb*it*
**im-mundus** *-a -um* (in-) = sordidus
**sēdulus** *-a -um* = dīligēns
**ef-fer** *ex* immundā humō!

**pretium** : praemium
**patiente** puellā : dum puella patitur
(: permittit)
**crūra** *(puellae)* oculīs tuīs videnda
contingent (: ēveniet ut videantur)

**respice**, nē genū oppositō mollia
terga premat *is*, quīcumque *est,*
*quī* post vōs sedēbit!
**op-pōnere** (< ob-) = contrā pōnere

**parva** *n pl* = parvae rēs (: officia)
(animus) **levis** ↔ sērius
**ūtilis** *-e* = quī prōdest; fuit ūtile
**multīs** = multīs *virīs* prōfuit
**com-pōnere** = rēctē pōnere
*~isse* *īnf perf* : *–re* *īnf praes:* com-
pōn*ere*, mov*ēre*, d*are*

tabella
tenuis

**scamnum** *-ī n* = sella humilis (quā pēs
sustinētur); cav*um* (: leve) scamn*um*
*dare* sub tenerum pedem
**aditus** *-ūs m* < ad-īre : causa puellam
adeundī | *-que ... -que* = et ... et
**harēna** *-ae f* = terra alba et sicca quae
spargitur in amphitheātrō; scaena
('trīstis' quia cruōre miscētur)
*in* sollicitō Forō (amphitheātrō): 'sollicitō' quia certāmen spectātur
*in* illā harēnā | puer Veneris : Amor

– nec mora, quisquis erit
cui favet illa, favē!

At cum pompa frequēns caelestibus ībit eburnīs,

tū Venerī dominae plaude favente manū!

Utque fit, in gremium pulvis sī forte puellae

dēciderit, digitīs excutiendus erit;                    150

etsī nūllus erit pulvis, tamen excute nūllum!

Quaelibet officiō causa sit apta tuō:

Pallia sī terrā nimium dēmissa iacēbunt,

collige et immundā sēdulus effer humō!

Prōtinus – officiī pretium – patiente puellā          155

contingent oculīs crūra videnda tuīs.

Respice praetereā, post vōs quīcumque sedēbit,

nē premat oppositō mollia terga genū!

Parva levēs capiunt animōs: fuit ūtile multīs

pulvīnum facilī composuisse manū;                    160

prōfuit et tenuī ventōs mōvisse tabellā

pulvīnus -ī *m*

et cava sub tenerum scamna dedisse pedem.

Hōs aditūs Circusque novō praebēbit amōrī

sparsaque sollicitō trīstis harēna Forō.

Illā saepe puer Veneris pugnāvit harēnā             165

et, quī spectāvit vulnera, vulnus habet!

*ipse* vulnus habet (*amōris*)

Dum loquitur tangitque manum poscitque libellum

libellum : in quō leguntur nōmina
gladiātōrum certantium

et quaerit, positō pignore, 'vincat uter?'

pignus -oris *n* = pecūnia solvenda
sī victus erit gladiātor cui favēs

saucius ingemuit tēlumque volātile sēnsit

in-gemēscere -muisse = gemere
volātilis -e = volāns, vēlōx; tēlum
volātile : sagitta (*Amōris*)
mūnus -eris *n* : lūdī gladiātōriī (quī

170    et pars spectātī mūneris ipse fuit.

populō dantur); ipse pars mūneris
spectātī fuit (quia vulnerātus erat!)

Caesar Augustus *spectāculum* magni-
ficum populō dedit: proelium nāvāle in lacū arte factō trāns Tiberim

[*Spectāculum Augustī: proelium nāvāle*]

spectāculum -ī *n* = quod spectātur
nāvālis -e < nāvis

Quid? modo cum bellī nāvālis imāgine Caesar

quid *ais?* | modo: annō 2 a.C.
imāgine : spectāculō
Persis -idis *adi* (*acc pl Gr -as*) = Per-

Persidas indūxit Cecropiāsque ratēs?

sicus -a -um < Persia, regiō Asiae
Cecropius -a -um (< Cecrops -pis, rēx
quī Athēnās condidit) = Athēniēnsis
Cec-ro-pi|ās-que | ratēs : nāvēs

Nempe ab utrōque marī iuvenēs, ab utrōque puellae

nempe *adv* = scīlicet, certē
ab utrōque marī : ab ōrīs orientis et
occidentis

vēnēre, atque ingēns orbis in Urbe fuit!

vēnē*runt*
orbis *terrārum* : cīvēs omnium terrārum

175 Quis nōn invēnit turbā, quod amāret, in illā?

quis nōn invēnit quod amāret (: *fēminam* quam amāret) in illā turbā?

Ēheu, quam multōs advena torsit amor!

ēheu! = heu! | advena -ae *adi* = ex
aliō locō adveniēns; (amor) advena
: fēminae advenae

............ [*Triumphus*]

torquēre torsisse tortum = cruciāre

[*Convīvia*]

229 Dant etiam positīs aditum convīvia mēnsīs:

etiam convīvia aditum (novō amōrī)
dant, mēnsīs positīs

· 230    est aliquid praeter vīna quod inde petās!

............

237 Vīna parant animōs faciuntque calōribus aptōs;

calor -ōris *m* : ārdēns amor

cūra fugit multō dīluiturque merō.

dī-luere -uisse -ūtum = mergere

cornua sūmit : fortis et audāx fit

rūga
-ae *f*

aevum -ī *n* = aetās
tunc simplicitās – aevō nostrō rārissima – mentēs aperit, deō (Bacchō)
artēs excutiente
simplicitās -ātis *f* (↔ artēs) < simplex

rapuē*runt*

Tunc veniunt rīsūs, tum pauper cornua sūmit,

tum dolor et cūrae  rūgaque frontis abit.  240

Tunc aperit mentēs aevō rārissima nostrō

simplicitās, artēs  excutiente deō.

Illīc saepe animōs iuvenum rapuēre puellae,

et Venus in vīnīs  ignis in igne fuit.

nē crēde (= nōlī crēdere) fallācī
lucernae!

fōrma (corporis) = pulchritūdō
-que ... -que = et ... et

lūce = diē, interdiū (lūcente sōle)
deās: Venerem, Iūnōnem, Minervam

*"fōrmā* vincis utramque (: Iūnōnem
et Minervam), Venus!": iūdicium
Paridis

menda -ae *f* = mendum (corporis)
vitium -ī *n* = rēs prāva, mendum

quī- quae- quod-libet = quī-cumque
(libet); illa hōra (noctis) quam-libet
*fēminam* fōrmōsam facit
cōnsulere -uisse -ultum = cōnsilium
rogāre, interrogāre (quālis sit)
cōnsule diem (: lūcem) dē gemmīs...!
tingere tīnxisse tīnctum = colōre af-
ficere | mūrex -icis *m* = purpura

Bāiae -ārum *f pl*, oppidum Campā-
niae cum aquīs calidīs

Hīc tū fallācī nimium nē crēde lucernae,  245

iūdiciō fōrmae  noxque merumque nocent.

Lūce deās caelōque Paris spectāvit apertō,

cum dīxit Venerī:  "Vincis utramque, Venus!"

Nocte latent mendae vitiōque ignōscitur omnī,

hōraque fōrmōsam  quamlibet illa facit.  250

Cōnsule dē gemmīs, dē tīnctā mūrice lānā,

cōnsule dē faciē  corporibusque diem!

........... [*Bāiae, locus celeberrimus*]


blandus -a -um = dulcis, grātus, lau-
dāns

hāc-tenus *adv* = adhūc
legere lēgisse lēctum = ēligere

· imparibus rotīs (: versibus) : elegīs
Thalēa -ae *f*, Mūsa cōmoediae et
elegōrum

nunc 'per quās artēs capienda sit *ea*
quae tibi placuit' dīcere mōlior:
opus praecipuae artis
mōlīrī (+ *īnf*) = labōrāre (ut...)
praecipuus -a -um = ēgregius

[*Dē puellā blandīs verbīs capiendā*]

Hāctenus, unde legās quod amēs, ubi rētia pōnās,  263

praecipit imparibus  vecta Thalēa rotīs.

Nunc tibi quae placuit, quās sit capienda per artēs  265

dīcere praecipuae  mōlior artis opus.

Quisquis ubīque, virī, docilēs advertite mentēs,

pollicitīsque favēns, vulgus, adeste meīs!

Prīma tuae mentī veniat fidūcia cūnctās

270 posse capī: capiēs, tū modo tende plagās!

Vēre prius volucrēs taceant, aestāte cicādae,

Maenalius leporī det sua terga canis,

lepus -oris *m*

fēmina quam iuvenī blandē temptāta repugnet:

haec quoque, quam poteris crēdere nōlle, volet!

275 Utque virō fūrtīva venus, sīc grāta puellae;

vir male dissimulat, tēctius illa cupit.

Conveniat maribus nē quam nōs ante rogēmus,

fēmina iam partēs victa rogantis aget.

Mollibus in prātīs admūgit fēmina taurō,

280 fēmina cornipedī semper adhinnit equō.

Parcior in nōbīs nec tam furiōsa libīdō est:

lēgitimum fīnem flamma virīlis habet.

Byblida quid referam, vetitō quae frātris amōre

ārsit et est laqueō fortiter ulta nefās? laqueus

-ī *m*

285 Myrrha patrem, sed nōn quā fīlia dēbet, amāvit,

et nunc obductō cortice pressa latet;

illīus lacrimīs, quās arbore fundit odōrā,

myrrha

quisquis ubīque *estis*
docilis -e = quī docērī vult, studiōsus
pollicitum -ī *n* = prōmissum; pollicitīs meīs (: ad pollicita mea) adeste, vulgus (*voc*)!
favēns -entis *adi* = silēns, intentus

fidūcia -ae *f* = fidēs; prīma fidūcia
tuae mentī (: tibi) veniat : prīmum
tū cōnfīdās ...
plaga -ae *f* = rēte
vēnātōris
cicāda
prius ... quam (*v.* 273)    -ae *f*
cicādae aestāte canentēs audiuntur
canis Maenalius (: celerrimus)
< Maenalus, mōns Arcadiae
alicui tergum dare = ab aliquō fugere
prius...., quam fēmina blandē temptāta iuvenī repugnet (repugnābit)
blandē *adv* = blandīs verbīs
poteris crēdere : crēdās
volet *fut* < velle

fūrtīvus -a -um (< fūrtum) = occultus
ut venus fūrtīva virō *grāta est*, sīc
grāta *est* puellae : venus fūrtīva
tam grāta est puellae quam virō
dis-simulāre = cēlāre (simulāns)
tēctē (*adv part* < tegere) ↔ apertē
mās maris *adi* = masculīnus, *m* vir
convenit (+*dat*) = statūtum est (ut
conveniēns); *sī* convenit maribus
(: inter marēs) nē quam *fēminam*
nōs ante rogēmus, fēmina iam victa
partēs *virī* rogantis aget
partēs alicuius agere = agere ut aliquis
prātum -ī *n* = campus herbā opertus
ad-mūgīre +*dat* = mūgīre ('mū') ad
*bōs* fēmina (*adi* ↔ *mās*) = vacca -ae *f*
*equus* fēmina = equa -ae *f*
ad-hinnīre +*dat* = hinnīre ('hi-hī') ad
cornipēs -pedis *adi* < cornū + pēs
parcus -a -um ↔ largus | nōbīs : virīs
furiōsus -a -um = āmēns, ferōx
libīdō -inis *f* = cupīdō amātōria
lēgitimus -a -um = lēge statūtus
flamma : amor ārdēns | virīlis -e < vir

Byblis -idis *f* (*acc Gr* -a), virgō quae
frātrem amāvit (amor vetitus, nefās)
et dēspērāns laqueō sē necāvit :ne-
fās ulta est (: pūnīvit) | Byb-li-da
ārdēre ārsisse

Myrrha -ae *f*: fīlia ob vetitum amōrem patris in *myrrham* mūtāta
nōn quā : nōn eō modō quō
cortex -icis *m*: arbor *cortice obdūcitur*
ob-dūcere = operīre | pressa : inclūsa
myrrha -ae *f* = arbor et liquidum ex
eā effūsa: 'Myrrhae lacrimae', quās
*illa ex* arbore odōrā *ef*fundit
odōrus -a -um = bene olēns

unguere ūnxisse ūnctum = perfundere
gutta (: liquidum) nōm*en* dominae
tenet: 'myrrha'

gutta
-ae *f*

Pāsiphaē -ēs *f*, fīlia Sōlis, rēgīna,
Mīnōis coniūnx
dē-cipere -iō -cēpisse -ceptum
= fallere
umbrōsus -a -um < umbra
Īda -ae *f*, mōns Crētae

armentum -ī *n* = grex boum
(bōs bovis *m/f, pl* bovēs boum)

signāre = signō nōtum facere
nigrum -ī *n* = nota nigra | nig-rō

lābēs -is *f* = menda; *ea* ūna lābēs fuit
lactis : candida ut lac

Cnōsias -adis *adi*, Cydōnēus -a -um
< Cnōsos, Cydōnia, urbēs Crētae
iuvenca -ae *f* = vacca iuvenis

optāvērunt tergō suō sustin*ēre*

adultera -ae *f* = mātrōna quae marī-
tum aliēnum amat | fierī : fore

invidus -a -um = quī invidet
bōs bovis *f* = vacca, iuvenca

nōta *n pl* : rēs nōtās, fābulam nōtam
Crēta, quae centum urbēs sustinet
(: habet), hoc negāre nōn potest
mendāx -ācis *adi* = quī mentītur;
Crētēnsēs mendācēs esse dīcuntur

prāta : herbās

fertur = dīcitur, nārrātur
in-adsuētus -a -um (↔ solitus) = quī
nōn solet (ita facere)
sub-secāre = secāre, falce carpere
nec cūra (: amor) coniugis *eam* itūram morātur (: retinet)

quō tibi ...? : quid tibi prōdest ...?

adulter -erī *m* = vir quī aliēnam uxōrem amat; ille tuus adulter (: taurus)
nūllās opēs (: dīvitiās) sentit
montānus -a -um < mōns

fingere = novā fōrmā ōrnāre
(comās) pōnere ↔ turbāre
in-eptus -a -um = stultus

---

unguimur, et dominae nōmina gutta tenet.

[*Pāsiphaē et taurus dēceptus*]

Forte sub umbrōsīs nemorōsae vallibus Īdae

   candidus – armentī glōria – taurus erat       290

signātus tenuī media inter cornua nigrō,

   ūna fuit lābēs, cētera lactis erant.

Illum Cnōsiadēsque Cydōnēaeque iuvencae

   optārunt tergō sustinuisse suō.

Pāsiphaē fierī gaudēbat adultera taurī;       295

   invida fōrmōsās ōderat illa bovēs.

Nōta canō; nōn hoc, centum quae sustinet urbēs,

   quamvīs sit mendāx, Crēta negāre potest.

Ipsa novās frondēs et prāta tenerrima taurō

   fertur inadsuētā subsecuisse manū;       300

it comes armentīs, nec itūram cūra morātur

   coniugis, et Mīnōs ā bove victus erat!

Quō tibi, Pāsiphaē, pretiōsās sūmere vestēs?

   Ille tuus nūllās sentit adulter opēs.

Quid tibi cum speculō, montāna armenta petentī?   305

   quid totiēns positās fingis, inepta, comās?

Crēde tamen speculō, quod tē negat esse iuvencam:

  quam cuperēs frontī  cornua nāta tuae!

Sīve placet Mīnōs, nūllus quaerātur adulter;

310  sīve virum māvīs  fallere, falle virō!

In nemus et saltūs thalamō rēgīna relictō

  fertur, ut Āoniō  concita Baccha deō.

Ā, quotiēns vaccam vultū spectāvit inīquō

  et dīxit: "Dominō  cūr placet ista meō?

315  Aspice ut ante ipsum tenerīs exsultet in herbīs

  – nec dubitō quīn sē,  stulta, decēre putet!"

Dīxit, et ingentī iam dūdum dē grege dūcī

  iussit et immeritam  sub iuga curva trahī,

aut cadere ante ārās commentaque sacra coēgit.

320  et tenuit laetā  paelicis exta manū.

Paelicibus quotiēns plācāvit nūmina caesīs

  atque ait exta tenēns:  "Īte, placēte meō!"

et modo sē Eurōpam fierī, modo postulat Īōn:

  altera quod bōs est,  altera vecta bove!

325  Hanc tamen implēvit vaccā dēceptus acernā

  dux gregis! – et partū  prōditus

    · auctor erat.

acer -eris n

---

: quod mōnstrat tē iuvencam nōn esse

quam cuperēs frontī tuae (: in fronte tuā) cornua nāta (: orta) esse!

sīve tibi placet Mīnōs, nūllus adulter ā tē quaerātur; sīve virum (: marītum) māvīs fallere, falle eum cum virō (nōn taurō!)

nemus -oris n = silva
thalamō relictō, rēgīna in nemus et saltūs fertur (= sē fert, it), ut Baccha ā deō Āoniō (: Bacchō) concita
con-ciēre -cīvisse -citum = incitāre
Āonius -a -um < Āonia = Boeōtia, patria Bacchī | Baccha -ae f, fēmina furiōsa quae Bacchum saltāns adōrat
in-īquus (< in- + aequus) = inimīcus, invidus
dominō meō      iugum -ī n
  : taurō

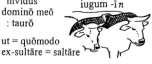

ut = quōmodo
ex-sultāre = saltāre

nec dubitō quīn id sē decēre putet! = et crēdō eam putāre id sē decēre!

iam dūdum = iam prīdem, prōtinus
vaccam dē grege ingentī dūcī iussit

im-meritus -a -um (in-) = quī nōn ita meruit | sub iugum curvum

aut eam ante ārās commentaque sacra (: sacrificia) cadere coēgit | sac-ra
commentus -a -um = simulātus, fictus
paelex -icis f = adultera (: vacca quae eundem taurum amat ac Pāsiphaē!)
exta -ōrum n pl = viscera (cor...)
quotiēns paelicibus (: vaccīs!) caesīs
nūmina (: deōs) plācāvit
plācāre = faventem facere

"placēte meō dominō (taurō)!"
Eurōpa -ae f, fēmina quam Iuppiter in taurum mūtātus abdūxit
Īō -ōnis (acc Gr Īōn) f, paelex Iovis, quae in vaccam mūtāta est
postulāre +acc+ īnf: postulat sē Eurōpam/Īōnem fierī: ut Eurōpa/Īō fīat
hanc dux gregis implēvit (: gravidam fēcīt): ita Mīnōtaurum genuit
acernus -a -um = ē lignō aceris factus; vaccā acernā dēceptus: Pāsiphaē taurum dēcēpit cum in vaccā ligneā (ā Daedalō factā) latēret!
partus -ūs m < parere; partū (Mīnōtaurī) auctor (: pater) prōditus est
prō-dere -didisse -ditum = patefacere
auctor -ōris m = is ā quō rēs orta est

## [Dē libīdine fēminārum]

.......... [Scelera fēminārum libīdine furentium]

furere = furiōsus esse

Omnia fēmineā sunt ista libīdine mōta:    341

fēmineus -a -um < fēmina
omnia ista *scelera* libīdine fēmineā
    (: fēminārum) mōta sunt
*libīdō fēminārum* ācrior est nostrā
    (: quam virōrum)
furor -ōris *m* < furere

ācrior est nostrā  plūsque furōris habet.

nē dubitā = nē dubitāveris
dubitāre + *īnf* = cūnctārī, cessāre

Ergō age, nē dubitā cūnctās spērāre puellās!

vix erit ūna ē multīs quae tib*i* neget

vix erit ē multīs  quae neget ūna tibī.

quae dant quaeque negant : sīve dant
    sīve negant
gaudent esse rogātae : gaudent sē
    rogātās esse

Quae dant quaeque negant, gaudent tamen esse    345

rogātae!

ut iam fallāris : etiam sī fallāris
repulsa -ae *f* < re-pellere reppulisse
    re-pulsum
voluptās -ātis *f* = gaudium, quod dē-
    lectat; cum nova voluptās grāta sit
et aliēna animōs capiant plūs suīs
    (: quam sua) : et cum rēs aliēnae
    (fēminīs) placeant plūs quam suae

Ut iam fallāris,  tūta repulsa tua est.

Sed cūr fallāris, cum sit nova grāta voluptās

et capiant animōs  plūs aliēna suīs?

sem|pe-r i|n ag-rīs

Fertilior seges est aliēnīs semper in agrīs

vīcīnus -a -um = quī prope habitat,
    prope fīnēs locātus
grandis -e = magnus

vīcīnumque pecus  grandius ūber habet!    350

ūber
-eris *n*

captāre = capere cōnārī
cūra sit ancillam nō*v*isse = cūrandum
    est ut ancillam nōveris
accessus -ūs *m* (< ac-cēdere) = aditus
mollīre : faciliōrem facere

## [Ancilla dominae nōscenda]

Sed prius ancillam captandae nōsse puellae

cūra sit: accessūs  molliet illa tuōs.

vidētō (: cūrātō) ut illa proxima cōn-
    siliīs dominae sit nēve parum fīda
    (= ac satis fīda), cōnscia tacitīs iocīs
    (: cum tacitōs iocōs *dominae* sciat)
cōn-scius -a -um + *gen/abl* = sciēns
iocus -ī *m* = rēs iocōsa, lūdus, rīsus

Proxima cōnsiliīs dominae sit ut illa, vidētō,

nēve parum tacitīs  cōnscia fīda iocīs.

aliquem cor-rumpere = mercēde ali-
    cui persuādēre ut male faciat

Hanc tū pollicitīs, hanc tū corrumpe rogandō:    355

ex facilī = facile *adv*

quod petis ex facilī,  sī volet illa, ferēs.

Illa leget tempus (medicī quoque tempora servant)

quō facilis dominae mēns sit et apta capī.

legere = ēligere

apta capī : apta ad capiendum

Mēns erit apta capī tum cum laetissima rērum,

360  ut seges in pinguī luxuriābit humō.

tum cum *est* laetissima rērum (: ob rēs secundās)
pinguis -e: pinguis fit quī nimium ēst; (humus) pinguis : fertilis
luxuriāre = valdē crēscere

Pectora, dum gaudent nec sunt adstricta dolōre,

ipsa patent; blandā tum subit arte Venus.

pectora : corda, animī
ad-stringere -strīnxisse -strictum = contrahere, afficere (rē gravī)

sub-īre = intrāre; tum Venus sub-it blandā (grātā) arte

Tum cum trīstis erat, dēfēnsa est Īlios armīs;

mīlitibus gravidum laeta recēpit equum.

Īlios -ī *f* = Īlium -ī *n*, Trōia (trīstis: ob mortem Hectoris)

laeta equum (*ligneum*) mīlitibus gravidum (: plēnum) recēpit

365  Tum quoque temptanda est cum paelice laesa

dolēbit;

*fēmina* temptanda est
paelice laesa = quia paelex marītī eam laesit (: iniūriā affēcit)

pecten -inis *m*

tum faciēs operā nē sit inulta tuā.

Hanc mātūtīnōs pectēns ancilla capillōs

incitet et vēlō rēmigis addat opem,

et sēcum tenuī suspīrāns murmure dīcat:

tum operā tuā faciēs nē sit in-ulta (: ut iniūriam ulcīscātur)
mātūtīnus -a -um = māne factus
pectere pexisse pexum = (capillōs) *pectine* ōrdināre, ōrnātē pōnere
rēmex -igis *m* = nauta quī rēmigat
opem -is -e *acc gen abl f* = auxilium
vēlō opem rēmigis addat : vēlīs rēmīsque (: omnibus vīribus) labōret
su-spīrāre = altē spīrāre ob dolōrem
murmur -is *n* = vōx quae vix audītur

370  "At, putŏ, nōn poterās ipsa referre vicem?"

Tum dē tē nārret, tum persuādentia verba

addat, et 'īnsānō' iūret 'amōre morī!'

vicem *acc* = quod prō rē redditur; vicem re-ferre : malam grātiam referre, ulcīscī (marītum fallendō)

iūrāre = dīs testibus affīrmāre
'īn-sānō amōre *tē* morī (: moritūrum esse)!'

Sed properā, nē vēla cadant auraeque resīdant:

ut fragilis glaciēs interit īra morā.

re-sīdere = cessāre
: nē īra minuātur/exstinguātur

fragilis -e = quī facile frangitur
inter-īre = perīre

........... [*Nōlī ancillam violāre!*]

violāre aliquem = vim afferre alicui

nātālis -e < nātus; (diēs) nātālis
= diēs quō nātus est aliquis

operōsus -a -um < opera
*is* quī putat sōlīs operōsa arva colentibus (: agricolīs) et nautīs tempora
aspicienda *esse,* fallitur: nōn sōlum
agricolae et nautae tempora (apta)
aspicere dēbent
nec semper Cerēs (: sēmen) arvīs fallācibus nec semper concava puppis
(: nāvis) viridī aquae crēdenda *est*
con-cavus -a -um = cavus
viridis -e: color herbae/frondis/aquae
: nec semper frūmentum serendum
est nec semper nāvigandum est –
nec semper tūtum *est* tenerās puellās captāre

saepe datō (: aptō) tempore idem
(*opus*) melius fīet

sīve sub-erit (: ad-erit) diēs nātālis
sīve kalendae *Aprīlēs* quās Venerem Mārtī (Aprīlem Mārtiō) con-
tinuāsse iuvat | -*āsse* = -*āvisse*
continuāre (+*dat*) = coniungī (cum)
Aprīlis: *mēnsis Veneris*
sigillum -ī *n* = parvum signum vīle
... sīve *Sāturnālia, cum* Circus nōn
sigillīs ōrnātus erit, ut fuit ante, sed
habēbit 'rēgum opēs' *ex*positās
Sāturnālibus dōna pretiōsa ('opēs rēgum') in Circō Māximō vēneunt
dif-ferre = post/sērius facere, morārī
īn-stāre = impendēre | trīstis ↔ grātus
Plīa*des* -um *f pl,* Haedus -ī *m,* sīdera,
tempestātem afferunt; (-*es pl Gr*)
aequoreus -a -um < aequor
haedus -ī *m* = pullus caprae (tener)
bene dēsinitur : melius est dēsinere
sī quis crēditur altō (: sē crēdit marī
*Veneris!*)
lacer -era -erum = scissus, frāctus
naufragus -a -um = quī *naufragium*
(< nāvis + frangere) passus est
membra ratis : partēs (trabēs) nāvis
vix tenu*erit* membra naufraga lacerae ratis : vix servāverit quod restat ex naufragiō *amōris*
licet incipiās = licet tē incipere (puellās captāre)
quā lūce = quā/quō diē, eō diē quō
Allia -ae *f,* parvus fluvius Latiī; 'flēbilis': ibi Rōmānī ā Gallīs victī sunt
a.d. xv kal. Aug. annō 390 a.C.
sanguinolentus -a -um = cruentus

redeunt septima fēsta (: diēs fēstī)
minus apta rēbus gerendīs, culta *ā*
Syrō Palaestīnō (: ā Iūdaeīs)
fēsta *Iūdaeōrum* (*sabbata*) VII quōque
diē redeunt nec apta sunt ad negōtia
gerenda | colere = fēstum habēre

---

*[Diē nātālī et Sāturnālibus: dōna danda!]*

Tempora quī sōlīs operōsa colentibus arva,    395

fallitur, et nautīs aspicienda putat;    400

nec semper crēdenda Cerēs fallācibus arvīs

nec semper viridī concava puppis aquae

– nec tenerās semper tūtum captāre puellās:

saepe datō melius tempore fiet idem.

Sīve diēs suberit nātālis sīve kalendae    405

quās Venerem Mārtī continuāsse iuvat,

sīve erit ōrnātus nōn, ut fuit ante, sigillīs,

sed rēgum positās Circus habēbit opēs,

differ opus! tunc trīstis hiems, tunc Plīades īnstant,

tunc tener aequoreā mergitur Haedus aquā;    410

tunc bene dēsinitur; tunc sī quis crēditur altō,

vix tenuit lacerae naufraga

membra ratis.

naufragium
-ī *n*

Tum licet incipiās quā flēbilis

Allia lūce

vulneribus nostrīs sanguinolenta fuit,

quāque diē redeunt rēbus minus apta gerendīs    415

culta Palaestīnō septima fēsta Syrō.

Magna superstitiō tibi sit nātālis amicae,

    quāque aliquid dandum est, illa sit ātra diēs!

Cum bene vītāris, tamen auferet: invenit artem

420    fēmina, quā cupidī carpat amantis opēs:

Īnstitor ad dominam veniet discīnctus emācem,

    expediet mercēs tēque sedente suās; cingulum

quās illa 'īnspiciās!', sapere ut videāre, rogābit;

    ōscula deînde dabit, deînde rogābit 'emās!'

425 'Hōc fore contentam multōs' iūrābit 'in annōs;

    nunc opus esse sibī, nunc bene' dīcet 'emī.'

Sī 'nōn esse domī quōs dēs' causābere 'nummōs',

    littera poscētur, nē didicisse iuvet.

Quid? quasi nātālī cum poscit mūnera lībō

430    et, quotiēns opus est, nāscitur illa sibī?!

Quid? cum mendācī damnō maestissima plōrat

    ēlāpsusque cavā fingitur aure lapis?

Multa rogant ūtenda darī, data reddere nōlunt;

    perdis, et in damnō grātia nūlla tuō.

435 Nōn mihi, sacrilegās meretrīcum ut persequar artēs,

    cum totidem linguīs sint satis ōra decem!

---

Syrus -ī *m*, incola Syriae; Palaestīnus -a -um < Palaestīna -ae *f*, Iūdaea
superstitiō -ōnis *f* = rēs metuenda
illa diēs, quā aliquid dandum est, sit ātra diēs!
diēs āter/ātra: diēs īnfēlīx

cum (: quamvīs) bene vītāveris, tamen *dōnum* auferet (fēmina)

fēmina artem invenit quā opēs amantis cupidī carpat (: rapiat)

īnstitor -ōris *m* = quī rēs vēndit
dis-cīnctus -a -um = sine *cingulō;*
cingulum -ī *n.:* quō cingitur tunica
emāx -ācis *adi* = cupidus emendī
ex-pedīre = explicāre, ostendere
mercēsque suās expediet tē sedente

quās illa rogābit *ut* īnspiciās ("īnspice!"), ut sapere videāris!
-re *pass 2 sg* = -ris (+ I.427,449, 460,468...)
rogābit *ut* emās ("eme!")

contentus -a -um + *abl*: contentus esse rē = rem satis esse putāre
'hōc *sē* fore contentam...' iūrābit: "hōc contenta erō in multōs annōs; nunc mihi opus est, nunc bene emitur" (: bonō pretiō emitur)

causārī = causam afferre, sē excūsāre
sī causāber*is* 'domī nōn esse nummōs quōs dēs'
littera poscētur : poscētur ut scrībās 'tē pecūniam dēbēre'
nē *tē litterās* didicisse iuvet!

lībum -ī *n* = pānis dulcis (diē nātālī edendus); lībō nātālī : diē nātālī
quid? cum mūnera poscit quasi lībō nātālī (: quasi diēs nātālis sit!)?
quotiēns opus est illa sib*ī* nāscitur : illa 'sibi diem nātālem esse' dīcit!

mendācī damnō : ob damnum quod 'sē tulisse' mentītur

lapis (: gemma) *ex* aure cavā ē-lāpsus *esse* fingitur (: simulātur) | ē-lābī
*cava* fit auris ut ōrnāmentum fīgātur

ūtenda : mūtua; rogant multa ūtenda darī : rogant ut multa mūtua dentur

*ea* perdis, et in damnō tuō nūlla *est* grātia (illa tibi grātiam nōn habet)

nōn mihi satis sint decem ōra cum totidem linguīs, ut artēs meretrīcum sacrilegās persequar (: nārrem)!
sacrilegus -a -um = impius | sac-ri-
meretrīx -īcis *f* = fēmina quae prō mercēde virōs amat

blanditiae -ārum *f pl* = blanda verba
cēra (tabellīs *īn-fūsa*) : epistula
īn-fundere + *dat* = fundere in
*vadō* fluvius trānsītur; vadum temptet : temptet trānsīre (ad fēminam)
rādere -sisse -sum; tabellam rādere :
veterēs litterās ē tabellā *dēlēre*
cēra prīmum cōnscia tuae mentis eat
(: tuam mentem nūntiet)

verba imitāta amantem = verba quae
amantem imitantur

nec exiguās precēs adde! : et adde
*nōn exiguās* (: magnās) precēs!

Hector -oris *m* (*acc Gr* -a = -em)
Achillēs preci*bus* mōtus Hectora
(: corpus Hectoris) Priamō dōnāvit

deus īrātus vōce rogante (: precibus)
flectitur (: movētur)

facitō *ut* prōmittās! : prōmitte!
quid laedit? : quid nocet?

spēs tenet (: dūrat) in tempus longum
sī semel crēdita est
Spēs -eī *f*, dea
illa (Spēs) quidem dea fallāx est

sī *amīcae* dederis aliquid, ratiōne
*ab eā* relinquī poteris

*dōnum* praeteritum tulerit (: cēperit)
perdideritque nihil (tē relinquendō)

videā*ris* datūrus *esse* (: simulēs tē
datūrum esse)

dominus *agrī* = quī *āgrum* possidet
sterilis -e ↔ fertilis

sīc lūsor, nē *pecūniam* perd*at*, nōn
cessat (: dēsinit) perdere
lūsor -ōris *m* (< lūdere) = quī lūdit
*āleā* (quā pecūniam perdit!)
ālea -ae *f* = lūdus quō *tesserīs* iaci-
endīs pretium quaerātur

tessera
-ae *f*

grātīs (< grātiīs) = sine mercēde
nē grātīs dederit quae *tibi* dedit
(: amōrem suum), *amīca tua*
ūsque dabit (: dare perget)
per-arāre (litterās) = īnscrībere
littera eat (: epistula mittātur) et
blandīs verbīs perarētur
iter : aditum

# [Cēra blanditiās ferat]

Cēra vadum temptet rāsīs īnfūsa tabellīs,

   cēra tuae prīmum cōnscia mentis eat;

blanditiās ferat illa tuās imitātaque amantem

   verba, nec exiguās, quisquis es, adde precēs!    440

Hectora dōnāvit Priamō prece mōtus Achillēs;

   flectitur īrātus vōce rogante deus.

Prōmittās facitō, quid enim prōmittere laedit?

   Pollicitīs dīves quīlibet esse potest!

Spēs tenet in tempus, semel est sī crēdita, longum;   445

   illa quidem fallāx, sed tamen apta, dea est.

Sī dederis aliquid, poteris ratiōne relinquī:

   praeteritum tulerit perdideritque nihil.

At quod nōn dederis, semper videāre datūrus:

   sīc dominum sterilis saepe fefellit ager.    450

Sīc, nē perdiderit, nōn cessat perdere lūsor,

   et revocat cupidās ālea saepe manūs.

Hoc | opus, hic labor est: prīmō sine mūnere iungī:

   nē dederit grātīs quae dedit, ūsque dabit.

Ergō eat et blandīs perarētur littera verbīs   455

   explōretque animōs prīmaque temptet iter.

Littera Cȳdippēn pōmō perlāta fefellit,

īnsciaque est verbīs capta puella suīs. –

pōmum -ī *n* = mālum; littera *in* pōmō per-lāta (: allāta) Cȳdippēn fefellit Cȳdippē -ēs *f* (*acc Gr* -ēn), virgō cui *Acontius* pōmum dedit īnscrīptum "per Diānam iūrō mē Acontiō nuptūram esse!" Hoc vōtum clārā vōce legēns īnscia in coniugium data est

[*Dē ēloquentiā litterārum*]

Disce bonās artēs, moneō, Rōmāna iuventūs,

460  nōn tantum trepidōs ut tueāre reōs;

quam populus iūdexque gravis lēctusque senātus,

tam dabit ēloquiō victa puella manūs.

Sed lateant vīrēs, nec sīs in fronte disertus;

effugiant vōcēs verba molesta tuae.

465 Quis, nisi mentis inops, tenerae dēclāmat amīcae?

saepe valēns odiī littera causa fuit.

Sit tibi crēdibilis sermō cōnsuētaque verba,

blanda tamen, praesēns ut videāre loquī.

Sī nōn accipiet scrīptum inlēctumque remittet,

470  lēctūram spērā prōpositumque tenē!

Tempore difficilēs veniunt ad arātra iuvencī,

tempore lenta patī frēna docentur equī.

Ferreus assiduō cōnsūmitur ānulus ūsū,

interit assiduā vōmer aduncus humō.

475 Quid magis est saxō dūrum, quid mollius undā?

ēloquentia -ae *f* = ēloquium -ī *n* = ars bene loquendī, ars ōrātōria (< *ēloquēns* -entis *adi* = bene loquēns)
iuventūs -ūtis *f* = iuvenēs

reus -ī *m* = quī accūsātur apud *iūdicem;* ut trepidōs reōs tueāri*s* (: dēfendās ēloquentiā)
quam... tam... = sīcut... ita...
iūdex -icis *m* = quī iūs dīcit
(senātus) lēctus : ēlēctus
manūs dare alicui = sē ab aliquō victum esse ostendere/fatērī
puella victa manūs dat ēloquiō ita ut populus, iūdex..., ...senātus
disertus -a -um = ēloquēns
vīrēs *tuae* lateant, nec sīs in fronte (: apertē) disertus
vōcēs tuae (: sermō tuus) verba molesta (: difficilia) effugiant (: vītent)
in-ops -opis *adi* (+*gen*) = pauper; mentis inops = stultus
dē-clāmāre = ōrātiōnem habēre

saepe littera valēns (: epistula ēloquēns) causa odiī fuit

crēdibilis -e = crēdendus
cōn-suētus -a -um = solitus (↔ rārus)

ut videāri*s* praesēns loquī (: loquēns adesse)

scrīptum -ī *n* = litterae, epistula
in-lēctus -a -um = nōn lēctus

spērā *eam* lēctūram *esse!*
prōpositum -ī *n* = cōnsilium; prōpositum tenē! : perge litterās mittere!
iuvencus -ī *m* = bōs iuvenis
tempore difficilēs iuvencī ad arātra veniunt
tempore equī docentur lenta frēna (: lentās habēnās) patī
assiduus -a -um = perpetuus
ferreus ānulus cōnsūmitur (: teritur) assiduō ūsū
aduncus -a -um = curvus
assiduā humō : assiduē humō arandā
vōmer -eris *m* = pars arātrī acūta
magis dūrum = dūrius

vōmer

27

tamen dūra saxa mollī aquā cavantur
cavāre = cavum facere

dūra tamen mollī saxa cavantur aquā.

Pēnelopē -ēs *f (acc Gr* -ēn) : fēmina
cōnstantissima (uxor Ulixis)
per-stāre = cōnstanter pergere, īn-
stāre

Pēnelopēn ipsam – perstā modo! – tempore

vincēs:

sērō *adv* = post longum tempus
Pergama -ōrum *n pl*, arx Trōiae
(capta post bellum X annōrum)

capta vidēs sērō Pergama, capta tamen.

*sī* lēgerit et nōlit re-scrībere (: litterīs
respondēre), nōlī *eam* cōgere!

Lēgerit et nōlit rescrībere – cōgere nōlī!

modo fac *ut* blanditiās tuās ūsque
(: semper) legat!

Tū modo blanditiās fac legat ūsque tuās!    480

*ea* quae *litterās* lēgisse (: leg*ere*) voluit, re-scrībere volet *litterīs* lēctīs

Quae voluit lēgisse, volet rescrībere lēctīs:

per numerōs = per gradūs = paulātim
ista *n pl* : istae rēs (ista voluntās)

per numerōs veniunt ista gradūsque suōs.

prīmō *adv* = prīmum
littera : litterae, epistula
trīstis ↔ grātus

Forsitan et prīmō veniet tibi littera trīstis

quae-que roget : quā illa roget
sollicitāre = sollicitum facere, cūrā
afficere | "nōlī mē sollicitāre!"

quaeque roget 'nē sē sollicitāre velīs!'

Quod rogat illa, timet; quod nōn rogat, optat: ut    485

īn-stāre = perstāre

īnstēs!

īn-sequere! = perge!
post-modo *adv* = brevī, mox
compos -potis *adi* +*gen* = possidēns,
potēns; vōtī compos esse = vōtō potīrī, vōtum habēre

Īnsequere! – et vōtī postmodo compos eris.

........... [*Ubīque sequere illam!*]

capillī crispī

pūmex

munditia -ae/-itiēs -ēī *f* < mundus
tōnsūra -ae *f* < *tondēre* totondisse
tōnsum = (capillōs/barbam) secāre
torquēre = circum vertere; capillōs
torquēre (ferrō *calidō*) : *crispōs*
facere | crispus -a -um
mordāx -ācis *adi* = quī mordet/radit
pūmex -icis *m* = lapis levis quō corpus radī, terī, mollīrī potest
iubē *ut* ista faciant *iī* quōrum...
Cybelēia māter (Magna Māter), Cybelē -ēs *f,* dea Phrygia quae adōrā-
tur cantū et ululātū | Cy-be‖lē-i-a
con-cinere = cantū adōrāre
ex-ululāre = ululātū invocāre
modus -ī *m* = modus canendī, versus
Mīnōis -idis (*acc Gr* -a) *f,* fīlia rēgis
Mīnōis, Ariadna | neg‖lēc-ta

[*Dē munditiā et tōnsūrā virōrum*]

Sed tibi nec ferrō placeat torquēre capillōs,    505

nec tua mordācī pūmice crūra terās

– ista iubē faciant, quōrum Cybelēia māter

concinitur Phrygiīs exululāta modīs.

Fōrma virōs neglēcta decet. Mīnōida Thēseùs

510 abstulit, ā nūllā tempora cōmptus acū;

      Hippolytum Phaedrā, nec erat bene cultus, amāvit;

      cūra deae silvīs aptus Adōnis erat.

Munditiē placeant, fuscentur corpora Campō.

      Sit bene conveniēns et sine lābe toga.

515 ............ [*Versus corruptus (dē fōrmā calceī?)*]

      nec vagus in laxā pēs tibi pelle natet;

nec male dēfōrmet rigidōs tōnsūra capillōs:

      sit coma, sit trīta barba resecta manū.

Et nihil ēmineant et sint sine sordibus unguēs,

520 inque cavā nūllus stet tibi nāre pilus!

Nec male odōrātī sit trīstis anhēlitus ōris,

      nec laedat nārēs virque paterque gregis!

Cētera lascīvae faciant concēde puellae,

      et sī quis male vir quaerit habēre virum.

[*Ariadna ā Bacchō servāta*]

525 Ecce, suum vātem Līber vocat: hic quoque amantēs

      adiuvat et flammae, quā calet ipse, favet. –

Cnōsis in ignōtīs āmēns errābat harēnīs,

      quā brevis aequoreīs Dīa ferītur aquīs;

---

acus
acūs *f.*

cōmere -mpsisse -mptum = ōrnāre
tempus -oris *n* = latus frontis; tempora cōmptus ā nūllā acū: quī tempora nūllā acū cōmpta habēbat
Phaedrā (*nōm*), uxor Thēseī, Hippolytum, fīlium Thēseī, amāvit
Adōnis -idis *m*, vēnātor; cūra deae erat : ā deā (*Venere*) amābātur
silvīs aptus : rūsticus (nōn cōmptus)
corpora mundītiē placeant, fuscentur in Campō *Mārtiō* (: exercendō)
fuscāre = *fuscum* facere; fuscus -a -um = āter (sōle ustus)

pellis -is *f*

nec tibi pēs vagus in laxā pelle
  (: calceō ē pelle factō) 'natet'
vagus -a -um = errāns
laxus -a -um = solūtus (↔ fīxus)
dē-fōrmāre = foedum facere
rigidus -a -um = horrēns

trītus -a -um = expertus, perītus
re-secāre -uisse -sectum = tondēre
(coma, barba) scītā manū resecta sit

nihil *adv* = nōn

unguis -is *m*

nāris -is *f* = nāsus
pilus -ī *m* = capillus
in cavā nāre nūllus pilus tibi stet!
odōrātus -a -um = olēns
anhēlitus -ūs *m* = anima
nec sit trīstis (: molestus) anhēlitus
  ōris male odōrātī
pater gregis : *caper* (-prī *m*) – quī
  male olet: nārēs (nāsum) laedit!
vir paterque gregis! : vir male olēns
lascīvus -a -um = temerārius
con-cēdere = permittere; concēde *ut*
  lascīvae puellae cētera faciant
male vir : nōn quālis plērīque virī

caper

vātem : poētam (suum vātem : *mē*)
Līber -erī *m*, Bacchus, deus vīnī

flamma : amor
calēre = calidus esse, ārdēre
Cnōsis -idis *f* (< Cnosos -ī *f*, urbs
  Crētae) : Ariadna
harēnae : lītus
Dīa -ae *f* = Naxus; quā brevis (: parva) Dīa aequoreīs aquīs (: flūctibus)
  ferītur

vēlāre = (vēlō) operīre, vestīre
re-cīnctus -a -um = dis-cīnctus

nūda ped*em* = nūda ped*e*
croceus -a -um (< *crocus* -ī *m*, genus
flōris): color aureus
(re-)ligāre = vincīre, fīlō fīgere; inreligāta comās = quae comās nōn
religāvit, comīs passīs/sparsīs

Thēseus, *acc Gr* -a = -um
"crūdēlis Thēseu!" clāmābat

indignō imbre tenerās genās rigante :
dum indignus imber (: flētus) tenerās genās rigat (: ūmidās facit)

utrumque (: et clāmor et flētus) *eam*
decēbat

iamque iterum : iterum iterumque
tundere tutudisse tūnsum = verberāre
palma -ae *f* = manus (aperta)

cymbala -ōrum *n pl*

tympanum -ī *n*
*in* tōtō lītore
at-tonitus -a -um (ad-) = (tonitrū)
perturbātus, furiōsus
pellere pepulisse pulsum = pulsāre
ex-cidere -disse (< ex + cadere)
= sine mente cadere
rumpere = ab-rumpere

ex-animis -e = sine animā

Mimallonis -idis *f* = Baccha

Satyrus -ī *m; pl*, diī silvārum ferī,
comitēs Bacchī; levēs : saltantēs
pae-vius -a -um ↔ sequēns

Silēnus -ī *m*

deus : Bacchus (quī vehitur currū
ūvīs ōrnātō et tigribus tractō)

lōra dare = līberum cursum dāre
tig-ri-bu|s

et color et vōx -et Thēseus! -abiē*runt*
puellae : puella et palluit et conticuit
– et Thēseī oblīta est!

pet*iit* = pet*īv*it

---

utque erat ē somnō tunicā vēlāta recīnctā,

nūda pedem, croceās inreligāta  530

comās,     crocus

'Thēsea crūdēlem!' surdās clāmābat ad undās,

indignō tenerās imbre rigante genās.

Clāmābat flēbatque simul, sed utrumque decēbat:

nōn facta est lacrimīs turpior illa suīs.

Iamque iterum tundēns mollissima pectora palmīs 535

"Perfidus ille abiit! Quid mihi fīet?" ait.

"Quid mihi fīet?" ait –    cymbala

tympanum    sonuērunt cymbala tōtō

lītore et attonitā tympana pulsa manū!

Excidit illa metū rūpitque novissima verba;

nūllus in exanimī corpore sanguis erat. 540

Ecce, Mimallonidēs sparsīs in terga capillīs,

ecce, levēs Satyrī, praevia turba deī.

............ [*Dē Silēnō, Satyrō ēbriō*]

Iam deus in currū, quem summum tēxerat ūvīs, 549

tigribus adiūnctīs aurea lōra dabat. 550

Et color – et Thēseus – et vōx abiēre puellae,

terque fugam petiit terque retenta metū est.

Horruit, ut sterilēs agitat quās ventus aristae,

ut levis in madidā canna palūde tremit.

arista    canna    corōna

> arista -ae *f* = summum frūmentum
> ut steriles (?) aristae quās ventus
> agitat | agitāre = movēre, quatere
>
> madidus -a -um = ūmidus
> canna -ae *f* = herba cava quae in pa-
> lūdibus crēscit, calamus; ut levis
> canna in madidā palūde tremit

555 Cui deus "Ēn, adsum tibi cūra fidēlior" inquit;

"pōne metum! Bacchī, Cnōsias, uxor eris.

> fidēlis -e = fīdus
> cūra (: amor, amātor) fidēlior (*quam
> Thēseus*)
> Cnōsias -adis *f* = Cnōsis (: Ariadna)

Mūnus habē caelum: caelō spectābere sīdus;

saepe reget dubiam Cressa Corōna ratem."

> mūnus habē caelum : caelum tibi dō
> *in* caelō spectā*beris* sīdus: Ariadnae
> *corōna* sīdus facta est
> corōna -ae *f* = orbis flōrum (capitis
> ōrnāmentum) | ratem : nāvem
> Cressa *f adi* = Crētēnsis (: Ariadnae)

Dīxit, et ē currū, nē tigrēs illa timēret,

> tig-rēs

560 dēsilit – impositō cessit harēna pede –

implicitamque sinū, neque enim pugnāre valēbat,

> implicitam (: illam complexus) *in*
> sinū abstulit, neque enim pugnāre
> valēbat (: valida erat, poterat)

abstulit: in facilī est omnia posse deō.

> in facilī est = facile est

Pars "Hymenaee!" canunt, pars clāmant "Euhion,

euhoe!"

> pars ... pars = aliī/aliae ... aliī/aliae
> "Hymenaee!": clāmor quō novī con-
> iugēs salūtantur
> "Euhion, euhoe!": clāmor Bacchā-
> rum quō Bacchum invocant

Sīc coeunt sacrō nupta deusque torō.

> co-īre -eō -iisse = convenīre; co-eunt
> (: concumbunt) *in* sacrō torō | sac|rō
> nupta -ae *f* = quae virō nūpsit, uxor

## [*Mūnera Bacchī*]

565 Ergō, ubi contigerint positī tibi mūnera Bacchī

atque erit in sociī fēmina parte torī,

> con-tingere -tigisse + *dat* = ēvenīre
> ubi tibi contigerint (: tibi data erunt)
> mūnera Bacchī positī (: vīna posita
> *in mēnsā*)
> atque fēmina erit in parte torī sociī
> (: iūxtā tē)

Nycteliumque patrem nocturnaque sacra precāre,

nē iubeant capitī vīna nocēre tuō.

> pater Nyctelius (< *nyx Gr* = nox),
> Bacchus (quī noctū adōrātur)
> nocturnus -a -um < nox | sac-ra
> sacra : deōs quibus sacra fīunt
> : ut iubeant vīna capitī tuō (: mentī
> tuae) nōn nocēre

Hīc tibi multa licet sermōne latentia tēctō

> hīc : in convīviō, inter pōcula
> tibi licet multa latentia (: clam) dī-
> cere sermōne tēctō (↔ apertō)

31

*hīc tibi licet ... per-scrībere ... spectāre...*
(tenuī vīnō in mēnsā effūsō convī- vae litterās per-scrībere possunt)
per-scrībere = scrībere (cum cūrā)
ut illa in mēnsā legat 'sē dominam tuam *esse*' ("tū domina mea es")

oculōs *illīus* spectāre oculīs ignem (: amōrem) fatentibus

saepe vultus tacēns vōcem verba- que habet
labellum -ī *n* = labrum (parvum)
fac (*ut*) prīmus rapiās pōcul*um* illīus labellīs tāct*um*
quā-que bibit parte puella, bibās! :
atque bibās ex eā parte ex quā pu- ella bibet!

lībāre = tangere et gustāre

sit tibi (: ā tē) tācta manus *illīus*

mēnsūra -ae *f* = quantitās, modus statūtus (< *mētīrī* mēnsum = mo- dum statuere, 'quantum?')
mēnsque pedēsque suum officium praestent! : rēctē cōgitandum et ambulandum est!
iūrgium -ī *n* = certāmen dē iūre
stimulāre = incitāre

nimium *adv* = nimis

Eurytiōn -ōnis *m*, centaurus; occīsus est cum ēbrius in convīviō pugnāret

mēnsa : convīvium

sī vōx *tibi* est, cantā! sī mollia brac- chia *tibi* sunt, saltā! (quī saltat bracchia molliter movet)
dōs dōtis *f* = dōnum nātūrae; et quā- cumque dōte placēre potes, placē!

ēbrietās -ātis *f* < ēbriùs
fictus -a -um = simulātus, falsus
titubāre = paene cadere/lābī, turbārī
blaesus -a -um = inconditus ('bla-bla')
sub-dolus -a -um = fallāx
protervus -a -um = audāx, temerārius
aequus ⇒iūstus; protervius aequō : p. quam aequum est, nimis protervē

dīcere, quae dīcī sentiat illa sibī,    570

blanditiāsque levēs tenuī perscrībere vīnō,

ut 'dominam' in mēnsā 'sē' legat illa 'tuam',

atque oculōs oculīs spectāre fatentibus ignem:

saepe tacēns vōcem verbaque vultus habet.

Fac prīmus rapiās illīus tācta labellīs    575

pōcula, quāque bibet parte puella, bibās!

et quemcumque cibum digitīs lībāverit illa,

tū pete, dumque petēs sit tibi tācta manus.

............ [*Dē virō amīcae fallendō*]

Certa tibi ā nōbīs dabitur mēnsūra bibendī:    589

officium praestent mēnsque pedēsque suum!    590

Iūrgia praecipuē vīnō stimulāta cavētō

et nimium facilēs ad fera bella manūs!

Occidit Eurytiōn stultē data vina bibendō:

aptior est dulcī mēnsa merumque iocō.

Sī vōx est, cantā! sī mollia bracchia, saltā!    595

et quācumque potes dōte placēre, placē!

Ēbrietās ut vēra nocet, sīc ficta iuvābit:

fac titubet blaesō subdola lingua sonō!

ut quicquid faciās dīcāsve protervius aequō

600    crēdātur nimium causa fuisse merum!

> nimium merum = nimium (nimis multum) merī | fuisse : esse

Et 'bene' dīc 'dominae! bene cum quō dormiat illa!'

> bene sit +dat : bene vīvat!
> 'bene sit dominae! bene sit eī cum quō dormiat illa!' (: virō illīus)

sed 'male sit' tacitā mente precāre 'virō!'

> male sit! ↔ bene sit!

At cum discēdet mēnsā convīva remōtā,

> cum discēdent convīvae (post convīvium removētur mēnsa)

ipsa tibi accessūs turba locumque dabit.

> locum dare : facere ut (aliquid) fierī possit

605   Īnsere tē turbae leviterque admōtus euntī

> īn-serere -uisse -rtum = īn-ferre; sē īnserere +dat = penetrāre in ad-mōtus fēminae euntī

velle latus digitīs et pede tange pedem!

> vellere -lisse vulsum = prehendere et trahere, carpere

Colloquiī iam tempus adest; fuge rūstice longē

hinc pudor! audentem Forsque Venusque iuvat.

> rūstice pudor! voc
> fors fortis f = fortūna; Fors, dea

Nōn tua sub nostrās veniat fācundia lēgēs;

> fācundia -ae f = ēloquentia
> tua fācundia nōn veniat sub lēgēs nostrās (: poētārum)

610   fac tantum cupiās, sponte disertus eris.

> sponte suā/tuā/meā = per sē/tē/mē; sponte tuā (: per tē) disertus eris

Est tibi agendus amāns imitandaque vulnera verbīs:

> amantem agere = agere quasi amāns sīs, sē amantem simulāre
> vulnera (amōris) tibi imitanda sunt

haec tibi quaerātur quālibet arte fidēs.

> haec fidēs tibi quaerātur : tibi quaerendum (cūrandum) est ut hoc crēdātur

Nec crēdī labor est: sibi quaeque vidētur amanda:

> labor est : difficile est

pessima sit, nūllī nōn sua fōrma placet!

> pessima sit : quamvīs pessima sit

615 Saepe tamen vērē coepit simulātor amāre;

> simulātor -ōris m = quī simulat

saepe quod incipiēns fīnxerat esse, fuit.

> fingere fīnxisse fictum = simulāre

Quō magis, ō, facilēs imitantibus este, puellae!

> quō magis = eō magis, tantō magis
> imitantēs -ium m pl (part < imitārī) = simulātōrēs

Fīet amor vērus quī modo falsus erat.

Blanditiīs animum fūrtim dēprēndere nunc sit,

> fūrtim adv = fūrtī modō, clam
> nunc tempus sit animum puellae dēprehendere (= captāre)
> ut pendēns rīpa aquā liquidā subēstur

620   ut pendēns liquidā rīpa subēstur aquā.

> sub-esse -edō -ēdisse = īnfrā cōnsūmere/terere (-ēstur pass praes 3 sg)

pigēre; mē piget = mihi molestum est (↔ mē dēlectat, mihi placet); : nōn tē pigeat laudāre faciem et capillōs et teretēs digitōs...
teres -etis adi = longus et rotundus, fōrmōsus

**Nec faciem nec tē pigeat laudāre capillōs**

**et teretēs digitōs exiguumque pedem:**

praecōnium -ī f = magna laus
praecōnia fōrmae etiam castās fēminās dēlectant
virginibus fōrma sua cūrae (dat) grātaque est : virginēs fōrmam suam grātam et cūrandam esse putant

**dēlectant etiam castās praecōnia fōrmae;**

**virginibus cūrae grātaque fōrma sua est.**

Pallas -adis f (acc Gr -a), Minerva
in Phrygiīs silvīs Paris iūdicium fēcit cūr Iūnōnem et Pallada nunc quoque (: etiamnuc) pudet in Phrygiīs silvīs iūdicium secundum nōn tenuisse?

**Nam cūr in Phrygiīs Iūnōnem et Pallada silvīs** 62

**nunc quoque iūdicium nōn tenuisse pudet?**

Iūnōnius -a -um < Iūnō; avis Iūnōnia: pāvō -ōnis m; pinnās (= pennās) ostendit laudātās (: cum laudantur)

**Laudātās ostendit avis Iūnōnia pinnās;**

re-condere -didisse -ditum = cēlāre opēs : pinnās pulcherrimās

**sī tacitus spectēs, illa recondit opēs.** pāvō

quadrupēs -edis m (< IV + pēs) : equus
dēpexaeque iubae plausaque colla quadrupedēs iuvant | quad-rudē-pectere — -pexum = pectere
iuba -ae f = equī coma cervīcis longa
plaudere -sisse -sum + acc = manū levī tangere/ferīre laudandī causā

**Quadrupedēs inter rapidī certāmina cursūs**

**dēpexaeque iubae plausaque colla iuvant.** 63

prōmissa puellās trahunt (: alliciunt)

**Nec timidē prōmitte: trahunt prōmissa puellās;**

pollicitō (dat) quōs-libet deōs testēs adde! : pollicēre iūrandō per quōs-libet deōs!

**pollicitō testēs quōslibet adde deōs!**

per-iūrium -ī n = quod falsum iūrātur
Aeolius -a -um < Aeolus -ī m, rēx ventōrum; et iubet Notōs (: ventōs)
Aeoliōs periūria ir-rita auferre
ir-ritus -a -um = frūstrā factus (< in- + ratus = statūtus, certus)
Styx -ygis f (acc Gr -a), flūmen apud Īnferōs

**Iuppiter ex altō periūria rīdet amantum**

**et iubet Aeoliōs irrita ferre Notōs.**

Iuppiter Iūnōnī falsum iūrāre solēbat
ipse favet exemplō suō : periūriō favet (: ignōscit) ex exemplō suō

**'Per Styga' Iūnōnī falsum iūrāre solēbat** 63

**Iuppiter: exemplō nunc favet ipse suō.**

expedit (+ acc + īnf) = ūtile est
deōs esse putēmus!

**Expedit esse deōs et, ut expedit, esse putēmus!**

sacrīs domesticīs in focō ūritur tūs
tūs tūris n: ē tūre incēnsō fit fūmus odōrus | tūra pl : tūs sg
sēcūrus -a -um = sine cūrā
sopor -ōris m = somnus
nec quiēs sēcūra similisque sopōrī illōs (: deōs) dē-tinet (= tenet/re-tinet) — sīcut,docet Epicūrus (-ī m)
in-nocuus -a -um = sine maleficiō
Epicūrus philosophus (vir sapiēns) docet deōs (nūmina) rēs hūmānās nōn cūrāre nec maleficia pūnīre

**– dentur in antīquōs tūra merumque focōs.**

**Nec sēcūra quiēs illōs similisque sopōrī**

**dētinet: innocuē vīvite – nūmen adest!** 64

............

[*Lacrimae, ōscula, rapīna*]

659  Et lacrimae prōsunt. Lacrimīs adamanta movēbis:

660  fac madidās videat, sī potes, illa genās!

adamās -antis *m* (*acc Gr* -a) = māteria
dūrissima (lapis/ferrum), animus dūris-
simus
fac (*ut*) illa madidās genās videat!

Sī lacrimae (neque enim veniunt in tempore semper)

dēficient, ūdā lūmina tange manū!

dē-ficere -iō -fēcisse -fectum = deesse
tange lūmina (: oculōs) ūdā manū!
ūdus -a -um = madidus, ūmidus

Quis sapiēns blandīs nōn misceat ōscula verbīs?

Illa licet nōn det, nōn data sūme tamen!

ōscula blandīs verbīs (*dat*) miscēre =
blanda verba cum ōsculīs miscēre
licet +*coni* = quamvīs; licet illa nōn
det = quamvīs illa *ōscula* nōn det

665  Pugnābit prīmō fortassis et "improbe!" dīcet

– pugnandō vincī sē tamen illa volet.

fortassis = fortasse

Tantum, nē noceant tenerīs male rapta labellīs

nēve querī possit 'dūra fuisse', cavē!

cavē nē *ōscula* male rapta tenerīs labellīs noceant nē-ve *puella* 'dūra
fuisse' querī possit!
"*ōscula* dūra fuērunt!"

Ōscula quī sūmpsit, sī nōn et cētera sūmit,

670  haec quoque quae data sunt perdere dignus erit.

et (: etiam) cētera *optanda*

dignus +*īnf*: perdere dignus est =
dignus est quī perdat (ut perdat)

Quantum dēfuerat plēnō post ōscula vōtō?

Ei mihi! rūsticitās, nōn pudor ille fuit.

plēnō vōtō (*dat*) : ad plēnum vōtum
(ad vōtum complendum)
ei! = heu!
rūsticitās -ātis *f* < rūsticus
: rūsticē (: stultē), nōn pudīcē factum
est

'Vim' licet appellēs, grāta est vīs ista puellīs;

quod iuvat, invītae saepe dedisse volunt.

licet (: quamvīs) 'vim' appellēs

invītus -a -um (↔ libēns) : recūsāns

.675  Quaecumque est Veneris subitā violāta rapīnā,

gaudet, et improbitās mūneris īnstar habet.

At quae, cum posset cōgī, nōn tācta recessit,

ut simulet vultū gaudia, trīstis erit.

quae-cumque subitā rapīnā Veneris
(: amōris) violāta est, gaudet
improbitās -ātis *f* < improbus
īnstar *n indēcl* +*gen* = quod pār est,
tantum quantum; mūneris īnstar
habet = mūnus esse vidētur
cum cōgī posset = etsī cōgī poterat
nōn tācta = in-tācta
ut simulet : quamvīs simulet

Phoebē (-ēs *f*) et soror eius (filiae *Leucippī* rēgis) ā Castore et Pollūce violātae (raptae) sunt
raptor -ōris *m* = quī rapuit; uterque raptor (: et Castor et Pollūx) raptae (*dat*) grātus fuit (: placuit)
Dēidamīa -ae *f*, virgō rēgia ab Achille violāta

Vim passa est Phoebē, vīs est allāta sorōrī

– et grātus raptae raptor uterque fuit!　　　680

........... [*Achillēs Dēidamīam grātam violāvit*]


[*Vir prior roget, fēmina rogārī cupit*]

iuvenī nimia fīdūcia est propriae fōrmae : iuvenis nimis cōnfīdit propriae (: suae) fōrmae, sī (quis) exspectat dum illa prior roget

Ā, nimia est iuvenī propriae fīdūcia fōrmae　　　707

　　exspectat sī quis　dum prior illa roget.

vir prior *ad fēminam* accēdat

Vir prior accēdat, vir verba precantia dīcat,

illa blandās precēs cōmiter excipiet
cōmis -e = benignus; *adv* cōmiter

　　excipiet blandās　cōmiter illa precēs.　　　710

ut *fēminā* potiā*ris*, rogā *illam!*

Ut potiāre, rogā! tantum cupit illa rogārī:

dā causam prīncipiumque vōtī tuī :
dīc quid optēs et quid prīmum tē ad vōtum tuum incenderit

　　dā causam vōtī　prīncipiumque tuī.

veterēs hērōidēs, ut Eurōpa, Īō, Alcmēna... (*acc pl Gr* -as = -ēs)

Iuppiter ad veterēs supplex hērōidas ībat

nūlla puella magnum Iovem corrūpit (: adulterum fēcit)

　– corrūpit magnum　nūlla puella Iovem!

fāstus -ūs *m* = superbia (fāst*ūs* : *-um*) : sī sēnseris precēs tuās illam superbam (superbiā tumidam) facere
inceptō parce! = ab inceptō dēsiste!
inceptum -ī *n* = quod coeptum est
pedem re-ferre = recēdere
quod refugit ↔ quod īnstat (: virōs quī refugiunt/īnstant) | ōdē*runt*
lēnis -e (↔ ācer) = placidus, mollis
taedium -ī *n* < taedēre; tolle taedi*um* tuī! : fac nē illam taedeat tuī!
tuī *gen* < tū

Sī tamen ā precibus tumidōs accēdere fāstūs　　　715

　　sēnseris, inceptō　parce referque pedem!

Quod refugit, multae cupiunt – ōdēre quod īnstat:

　　lēnius īnstandō　taedia tolle tuī!

pro-fitērī -fessum (< prō + fatērī) = apertē fatērī, dēmōnstrāre
: nec semper tibi rogā*ntī* profitendum est 'tē venerem (amōrem) spērāre'
amor intret nōmine 'amīcitiae' tēctus
tetricus -a -um = sevērus, inimīcus
verba dare +*dat* = dēcipere, fallere
vīdī verba data tetricae puellae : vīdī tetricam puellam dēceptam
cultor -ōris *m* = quī colit (: dīligit), amīcus

Nec semper veneris spēs est profitenda rogantī;

　　intret 'amīcitiae' nōmine tēctus amor.　　　720

Hōc aditū vīdī tetricae data verba puellae:

　　quī fuerat cultor, factus amātor erat.


36

*[Figūra apta amantī. – Diffīde amīcō!]*

Candidus in nautā turpis color: aequoris undā

    dēbet et ā radiīs sīderis esse niger;

725 turpis et agricolae, quī vōmere semper aduncō

    et gravibus rastrīs sub Iove versat humum;

et tua, Palladiae petitur cui fāma corōnae,

    candida sī fuerint corpora, turpis eris.

Palleat omnis amāns, hic | est color aptus amantī;

730   hoc decet, hoc multī †nōn valuisse putant†

Pallidus in Sīdē silvīs errābat Ōrīōn;

    pallidus in lentā Nāide Daphnis erat.

Arguat et maciēs animum, nec turpe putāris

    palliolum nitidīs imposuisse comīs.

735 Attenuant iuvenum vigilātae corpora noctēs

    cūraque et in magnō quī fit amōre dolor.

Ut vōtō potiāre tuō, miserābilis estō,

    ut quī tē videat dīcere possit "amās!" –

Conquerar an moneam mixtum fās omne nefāsque?

740 Nōmen 'amīcitia' est, nōmen ināne 'fidēs'.

Ei mihi! nōn tūtum est quod amēs laudāre sōdālī:

    cum tibi laudantī crēdidit, ipse subit! ...........

---

figūra –ae *f* = fōrma corporis, faciēs
dif-fīdere + *dat* ↔ cōn-fīdere

color candidus in nautā turpis *est*
*ab* aequoris undā et ā radiīs sīderis
(: sōlis) niger esse dēbet

rastrum

turpis *est color candidus* || radius
*etiam* agricolae     -ī *m*
sub Iove : sub caelō apertō
rastrum -ī *n*, īnstrūmentum quō agri-
  cola ipse humum versat (= vertit)
Palladius -a -um < Pallas; Palladia
  corōna: *lūdīs Olympicīs* praemium
  victōris; et *tū*, cui (: ā quō) petitur
  fāma Palladiae corōnae, *sī corpus
  tuum* candid*um* fuer*it*; turpis eris
Olympicus -a -um < Olympia, locus
  Iovī sacer in mediā Graeciā; *lūdī
  Olympicī* quīntō quōque annō ibi
  habēbantur

†...† *verba nōn intelleguntur*
Sīdē -ēs, Nāis -idis *f*, Nymphae
Ōrīōn -onis, vēnātor, Daphnis -idis,
  pāstor (uterque Nympham amābat)
Ōrīōn pallidus in *amandā* Sīdē *in* silvīs errābat; Daphnis pallidus erat
  in *amandā* lentā (: morantī) Nāide
  (Ōrīōn ā Diānā occīsus sīdus factus)
arguere -uisse = dēmōnstrāre
maciēs -ēī *f* = figūra tenuis; *etiam*
  maciēs animum (: amōrem) arguat
putā*v*eris : putēs
palliolum -ī *n* = pallium capitis
nitidus -a -um = splendidus, bellus

at-tenuāre = tenuem facere
corpora (*acc*) iuvenum attenuant noctēs vigilātae (: sine somnō) cūraque
  et dolor quī in magnō amōre fit

ut potiā*ris*
miserābilis -e = miserandus

"amās!" : "amōre captus es!"

con-querī -questum = querī
*utrum* conquerar an *tē* moneam 'fās
  nefāsque omne mixtum *esse*'?
ināns -e = vacuus, sine sententiā
  'amīcitia' nōmen *ināne* est, nōmen
  *ināne est* 'fidēs'

quod amēs : amīcam tuam
sōdālis -ī *m* = socius et amīcus

ipse *in locum tuum* sub-it

37

di-versus -a -um = varius, contrārius

diversa pectora : dīversī animī

ex-cipere = capere (praedam)

tellūs -ūris *f* = terra

con-venīre +*dat* = convenīre ad
far farris *n* = genus frūmentī
virēre = viridis esse, crēscere

quī sapit : vir sapiēns
in-numerus -a -um = sine numerō,
*pl* quī numerārī nōn possunt
Prōteus -ī *m*, deus maris, quī in va-
riās fōrmās mūtārī potest
tenuāre = at-tenuāre, levem facere
in levēs undās sē tenuābit ut Prōteus
hirtus -a -um = hirsūtus, capillōs
rigidōs gerēns

hī piscēs iaculō capiuntur, illī hāmīs

(rētia) cava : vacua, implenda
hōs cava rētia fūne contentō trahunt
(fūnem) con-tendere -disse -tentum
= tendere, trahendō rēctum facere
nec tibi ūnus modus ad cūnctōs
annōs conveniet
cerv*us* -ī *m*, cerv*a* -ae *f*
cerva anus (: vetus) īnsidiās (vēnātō-
rum) longius vidēbit | anus *f adi*

sī rudī *fēminae* doctus vidē*āris*
petulāns -antis *adi* = protervus, *im-*
*pudēns* ↔ pudēns = pudīcus

sib*i* dif-fīdere : dēspērāre

sē com-mittere = sē dare/crēdere
honestus -a -um (< honōs) = probus
inde (: eā dē causā) fit ut *illa* quae
timuit sē committere *virō* honestō,
vīlis eat ad amplexūs *virī* īnferiōris
amplexus -ūs *m* < amplectī

superāre = superesse, restāre
pars superat labōris coeptī, pars exhausta (perfecta) est (: *Liber I*)

hīc ancora iacta nostrās ratēs
(: meam nāvem) teneat

## [*Animī puellārum dīversī*]

Fīnītūrus eram, sed sunt dīversa puellīs   olea -ae *f*   755

  pectora; mīlle animōs  excipe mīlle modīs.

Nec tellūs eadem parit omnia: vītibus illa

  convenit, haec oleīs;  hīc bene farra virent.

Pectoribus mōrēs tot sunt quot in ōre figūrae;

  quī sapit, innumerīs  mōribus aptus erit,   760

utque levēs Prōtĕus modo sē tenuābit in undās

  nunc leŏ, nunc arbor,  nunc erit hirtus aper.

Hī iaculō piscēs, illī capiuntur ab hāmīs,

  hōs cava contentō  rētia fūne trahunt:

nec tibi conveniet cūnctōs modus ūnus ad annōs;   765

  longius īnsidiās  cerva vidēbit anus.

Sī doctus videāre rudī petulānsve pudentī,

  diffīdet miserae  prōtinus illa sibī.

Inde fit ut, quae sē timuit committere honestō

  vīlis ad amplexūs  īnferiōris eat.   770

ancora -ae *f*

Pars superat coeptī, pars est exhausta labōris;

  hīc teneat nostrās  ancora iacta ratēs.

## LIBER SECVNDVS

Dīcite "iō Paeān!" et "iō" bis dīcite "Paeān!"

– dēcidit in cassēs  praeda petīta meōs.

Laetus amāns dōnat viridī mea carmina palmā

praelāta Ascraeō  Maeoniōque senī!

5 Tālis ab armiferīs Priamēius hospes Amyclīs

candida cum raptā  coniuge vēla dedit:

Tālis erat quī tē currū victōre ferēbat,

vecta peregrīnīs,  Hippodamīa, rotīs.

Quid properās iuvenis? mediīs tua pīnus in undīs

10    nāvigat, et longē  quem petŏ portus abest.

Nōn satis est vēnisse tibī mē vāte puellam;

arte meā capta est,  arte tenenda meā est.

Nec minor est virtūs quam quaerere parta tuērī;

cāsus inest illīc,  hoc | erit artis opus.

15 Nunc mihi, sī quandō, puer et Cytherēa, favēte!

nunc Eratō! nam tū  nōmen Amōris habēs.

Magna parō: quās possit Amor remanēre per artēs

dīcere, tam vāstō  pervagus orbe puer.

Et levis est et habet geminās, quibus āvolet, ālās;

20    difficile est illīs  impposuisse modum.

poētae Graecī antīquissimī:
*Homērus*, Maeonius(< Maeonia)
et *Hēsiodus*, Ascraeus (< Ascra)

iō! *interiectiō* deōs invocantis
Paeān -ānis *m* = Apollō

cassis -is *m* = plaga; praeda (: fēmina) petīta in meōs cassēs dē-cidit
dōnāre ´+ *abl:* aliquem rē dōnāre
= alicui rem dōnāre; laetus amāns
viridī palmā dōnat mea carmina
praelāta (: quae praeferuntur) *Hē-
siodō* et *Homērō* senī!

tālis : laetus amāns
armi-fer -a -um = quī arma fert, belli-
cōsus; Amyclae -ārum *f pl:* Sparta
Priamēius -a -um < Priamus; hospes
P.: Paris | Pri-a|mē-i-u|s, A|myc-līs
(candida) vēla *ventīs* dedit
raptā coniuge (*Menelāī*): Helenā
tālis erat *is* quī tē, Hippodamīa, currū
victōre ferēbat: *Pelops*, cum rēgem
*Oenomaum* cursū equōrum vīcisset,
filiam rēgis *Hippodamīam* āvēxit
peregrīnus -a -um = ex aliā terrā
pe|reg-rī-nīs | rotīs : currū

pīnus -ūs *f*, genus arboris, lignum
pīnūs : nāvis (ē pīnū facta)

portus quem petō longē abest

nōn satis est puellam tibī vēnisse
mē vāte (: arte meā poēticā)

arte meā *puella* capta est

nec minor (: tanta) virtūs est parta
(: reperta) tuērī quam quaerere
virtūs : opus laudandum

cāsus -ūs *m* : fortūna (↔ ars)
illīc : in quaerendō | hoc : parta tuērī

sī quandō = sī umquam | puer: Amor
Cytherēa -ae *f*, Venus (< Cythēra
-ōrum *n pl*, insula Venerī sacra)
Eratō -ūs *f*, Mūsa; nunc *mihi favē*, E.!
nōmen Amōris: *Gr* Erōs -ōtos *m*
(*Eratō* et *Erōs:* nōmina similia!)

magna parō: dīcere per quās artēs
possit remanēre Amor, puer per-
vagus *in* orbe tam vāstō
per-vagus -a -um = ubīque errāns

geminās (: duās) ālās habet quibus
ā-vol*et* (: ā-vol*āre potest* – sīcut
*Daedalus* et *Ícarus*)

modus -ī *m* = fīnis nōn excēdendus;
difficile est illīs impōn*ere* modum

effugium -ī *n* (< ef-fugere) = fuga
(ē locō)
Mīnōs hospitis effugiō (*dat*) omnia
prae-strūxerat : omnia (ex)strūxerat
nē hospes (: Daedalus) effugeret
prae-struere –ūxisse –ūctum (+*dat*) =
ante (ex)struere (prohibendī causā)
pinna -ae *f* = penna, āla

clausit : inclūsit (in labyrinthum)
con-cipere -iō -cēpisse -ceptum = in sē
recipere, gignere | mātris : Pasiphaēs

sēmi- = dīmidiā parte: sēmi-bōs,
sēmi-vir : Mīnōtaurus

modus = fīnis

cinerēs : ossa cremāta
paternus -a -um = patrius; terra paterna = patria
agitāre = male afficere, persequī
in-īquus -a -um = iniūstus (vērē ex-
pulsus ob necem fīliī sorōris!)
dā mihi posse = fac ut possim, per-
mitte mihi
reditus -ūs *m* < red-īre; dā reditum
puerō (Īcarō) : sine puerum redīre
sī grātia senis vīlis est = sī grātiam
senis parvī aestimās

licēbat (: licet) dīceret : quamvīs
dīceret, etsī dīcēbat
ēgressus -ūs *m* < ē-gredī -gressum;
ille virō (Daedalō) ēgress*um* nōn
dabat : virum ēgredī nōn sinēbat

simul ut = simul ac | *sibi* dīxit

māteriam : rem agendam
ingeniōsus -a -um = ingeniō ēgregius
quā sīs ingeniōsus : quā ingeniōsus
esse potes

nec tellūs nec unda (: mare) nostrae
fugae (: nōbīs fugientibus) patet

venia -ae *f* (↔ poena) = animus ig-
nōscēns; veniam dare = ignōscere

sīdereus -a -um (< sīdus) : caelestis
affectāre = protervē cōnārī

nūlla via est nisi ista (: via caelī) quā
dominum (Mīnōem) fugiam

# [*Effugium Daedalī et Īcarī*]

Hospitis effugiō praestrūxerat omnia Mīnōs

— audācem pinnīs repperit ille viam!

Daedalus, ut clausit conceptum crīmine mātris

 sēmibovemque virum sēmivirumque bovem,

"Sit modus exiliō," dīxit "iūstissime Mīnōs!   25

 Accipiat cinerēs terra paterna meōs.

Et, quoniam in patriā fātīs agitātus inīquīs

 vīvere nōn potuī, dā mihi posse morī!

Dā reditum puerō, senis est sī grātia vīlis,

 sī nōn vīs puerō parcere, parce senī!"   30

Dīxerat haec, sed et haec et multō plūra licēbat

 dīceret, ēgressūs nōn dabat ille virō!

Quod simul ut sēnsit, "Nunc nunc, ō Daedale" dīxit,

 "māteriam quā sīs ingeniōsus habēs.

Possidet et terrās et possidet aequora Mīnōs,   35

 nec tellūs nostrae nec patet unda fugae.

Restat iter caelī: caelō temptābimus īre.

 Dā veniam coeptō, Iuppiter alte, meō!

Nōn ego sīdereās affectō tangere sēdēs,

 quā fugiam dominum, nūlla nisi ista via est.   40

Per Styga dētur iter, Stygiās trānsnābimus undās!

Sunt mihi nātūrae iūra novanda meae."

Ingenium mala saepe movent: quis crēderet umquam

āeriās hominem carpere posse viās?

45 Rēmigium volucrum, dispōnit in ōrdine pinnās,

et leve per līnī vincula nectit opus;

īmaque pars cērīs adstringitur igne solūtīs,

fīnītusque novae iam labor artis erat.

Tractābat cēramque puer pinnāsque renīdēns

50 nescius haec umerīs arma parāta suīs.

Cui pater "Hīs" inquit "patria est adeunda carīnīs;

hāc nōbīs Mīnōs effugiendus ope.

Āera nōn potuit Mīnōs, alia omnia clausit:

quem licet inventīs āera rumpe meīs!

55 Sed tibi nōn virgō Tegeaea comesque Boōtēs

ēnsiger Ōrīōnque aspiciendus erit:

mē pinnīs sectāre datīs, ego praevius ībō:

sit tua cūra sequī, mē duce tūtus eris.

Nam, sīve aetheriās vīcīno sōle per aurās

60 ībimus, impatiēns cēra calōris erit;

sīve humilēs propiōre fretō iactābimus ālās,

---

*sī* per Styga dētur iter, .....
Stygius -a -um <Styx
trāns-nāre = *nāre* (= natāre) trāns

iūra (: lēgēs) nātūrae meae mihi
novanda sunt
novāre = re-novāre

ingenium movēre :
ingeniōsum facere

viam carpere = viā īre

līnum

rēmigium -ī *n* = rēmī
pinnās, rēmigium volucrum, in
ōrdine dis-pōnit
dis-pōnere = variīs locīs pōnere
līnum -ī *n* = herba ex quā fīlum fit,
fīlum (ē līnō) | leve opus : pinnās

īmaque pars (pinnārum) cērā igne
solūtā (: mollitā) adstringitur
ad-stringere = fīlō fīgere, ligāre

labor novae artis (ālās faciendī)

tractāre = manibus tangere
re-nīdēre = gaudiō splendēre/rīdēre
puer cēramque pinnāsque renīdēns
(: et cēram et pinnās) tractābat renīdēns
nescius (: nesciēns, cum nescīret)
haec arma umerīs suīs parāta *esse*

carīna -ae *f* = trabs nāvis īnfima, nāvis; hīs carīnīs : hīs vēlīs (: ālīs)
ope *abl f* = auxiliō
hāc ope (: ope hārum ālārum) Mīnōs
nōbīs effugiendus *est*

āera *claudere* nōn potuit Mīnōs

āera quem *rumpere* (: penetrāre) licet
rumpe inventīs meīs!
inventum -ī *n* = quod inventum est
virgō Tegeaea (< Tegea, cīvitās Arcadiae): *Callistō* -ūs *f*, quae sīdus
facta est; Boōtēs (-ae *f*), sīdus, comes Callistūs; Ōrīōnque ēnsiger
ēnsi-ger -a -um = quī ēnsem gerit

sectārī = sequī | pinnīs : ālīs
praevius īre (=*prae-cēdere*) ↔ sequī

sit tua cūra sequī = cūrā ut sequāris!

aetherius -a um < aethēr; sīve ībimus
per aetheriās aurās sōle vīcīnō
vīcīnus -a -um = propinquus
im-patiēns -entis *adi*+*gen* = quī nōn
patitur; cēra impatiēns calōris erit
: cēra calōrem nōn patiētur
propior -ius *comp* (+ *dat*) < prope
fretum -ī *n* : mare | humilēs ālās
iactāre : in humilī āere volāre

---

41

mōbilis -e = quī movērī potest
madēscere = madidus fierī
mōbilēs pinnae (: ālae) madēscent

mōbilis aequoreīs  pinna madēscet aquīs.

utrumque : caelum et mare

Inter utrumque volā! Ventōs quoque, nāte, timētō,

: vēla datō *(imp fut)* quā ferent aurae
secundae!
vēla dare = nāvigāre (: volāre)

quāque ferent aurae  vēla secunda datō!"

aptāre = aptum facere; opus (: ālās)
puerō aptat mōnstrat-que movērī
(: docet-que eum ālās movēre)
ē-rudīre (< ē + rudis) = docēre
ut māter *suās* īnfirmās avēs (: pullōs)
ērudit
inde = deinde; inde ālās sibi (: ā sē)
factās umerīs accommodat
ac-commodāre (+ *dat*) = aptāre
lībrāre = aequē sustinēre (in āere)
per-que novum iter (: per āera)

Dum monet, aptat opus puerō mōnstratque movērī,  65

ērudit īnfirmās  ut sua māter avēs;

inde sibī factās umerīs accommodat ālās

perque novum timidē  corpora lībrat iter.

Iamque volātūrus parvō dedit ōscula nātō,

con-tinēre -uisse = re-tinēre; nec patriae genae (: patris oculī) lacrimās
continuērunt

nec patriae lacrimās  continuēre genae.  70

collis erat monte minor, altior campīs aequīs
(campus) aequus = sine collibus

Monte minor collis, campīs erat altior aequīs;

hinc (: ab hōc colle) bina (: duo) corpora miserae fugae data sunt

hinc data sunt miserae  corpora bina fugae.

Daedalus et ipse suās ālās movet et
*ālās* nātī re-spicit
re-spicere = post sē aspicere

Et movet ipse suās et nātī respicit ālās

sus-tinēre = tardum facere, morārī
cursūs *suōs* : suum et fīliī

Daedalus, et cursūs  sustinet ūsque suōs.

Iamque novum dēlectat iter, positōque timōre  75

Īcarus audācī arte fortius volat

Īcarus audācī  fortius arte volat.

aliquis : aliquī piscātor
tremulus -a -um = tremēns
harundō -inis *f* = virga piscātōris
(unde pendet hāmus)
dextra *manus* opus inceptum (: coeptum) relīquit
Samos, Naxos, Paros, Dēlos, Lebinthos -ī *f*, īnsulae maris Aegaeī
iam Samos ā laevā *erat* (Naxosque
et Paros et Dēlos ... relictae *erant*)
Clarius deus: Apollō, cui Dēlos sacra
('amāta') est (Clarius < Claros -ī *f*,
cīvitās Lȳdiae Apollinī sacra)
dextra *adi* : ā dextrā
Calymnē -ēs, Astypalaea -ae *f*, īnsulae maris Aegaeī
piscōsus·-a -um = plēnus piscium

– Hōs aliquis, tremulā dum captat harundine piscēs

vīdit, et inceptum  dextra relīquit opus. –

Iam Samos ā laevā (fuerant Naxosque relictae

et Paros et Clariō  Dēlos amāta deō),  80

dextra Lebinthos erat silvīsque umbrōsa Calymnē

cīnctaque piscōsīs  Astypalaea vadīs,

cum puer incautīs nimium temerārius annīs

altius ēgit iter  dēseruitque patrem.

85 Vincla labant et cēra deō propiōre liquēscit,

nec tenuēs ventī  bracchia mōta tenent.

Territus ā summō dēspexit in aequora caelō;

nox oculīs pavidō  vēnit oborta metū.

Tābuerant cērae; nūdōs quatit ille lacertōs,

90 et trepidat nec quō  sustineātur habet.

Dēcidit, atque cadēns "Pater, ō pater, auferor!"

inquit

– clausērunt viridēs  ōra loquentis aquae!

At pater īnfēlīx (nec iam pater) "Īcare!" clāmat,

"Īcare!" clāmat, "ubi es?  quōque sub axe volās?

95 Īcare!" clāmābat – pinnās aspexit in undīs!

Ossa tegit tellūs,  aequora nōmen habent. –

Nōn potuit Mīnōs hominis compescere pinnās,

ipse deum volucrem  dētinuisse parō.

---

in-cautus -a -um ↔ cautus
puer incautīs annīs nimium temerā-rius

altius ēgit iter : altius volāvit

vinc*u*la: quibus pinnae fīxae erant
labāre = titubāre, solvī | deō : Sōle
liquēscere = liquidus fierī, mollīrī

tenent : sustinent

ā summō caelō

ob-orīrī -ortum = orīrī
pavidō metū nox oborta oculīs vēnit
( : tenebrae oculīs obortae sunt)
: caecus factus est
tābēscere -buisse = paulātim perīre, ēvānēscere

trepidāre = trepidus esse
nec *quidquam* habet quō sustineātur

viridēs aquae *ōs puerī* loquentis
clausērunt

axis -is *m* = orbis caelī, pars caelī
sub quō axe...?

ossa tegit tellūs: sepultus est (in
*Icariā* īnsulā)
aequ*o*r nōmen *eius* habet: 'mare
*Icarium*'
com-pescere -uisse = dē-tinēre = re-tinēre, prohibēre, fīnīre
volucer -cris -cre = quī volāre potest;
deus volucer: Amor, Cupīdō
dē-tin*uisse* : dē-tin*ēre*

magicus -a -um; ars magica: quā rēs contrā nātūram fierī videntur

dē-currere = cōnfugere; sī quis ad artēs Haemoniās dēcurrit ..., fallitur ars Haemonia : ars magica (quae in Haemoniā/Thessaliā colitur)

re-vellere -lisse -vulsum = abripere capillī ā fronte pullī (tenerī equī) revulsī amōrem servāre dīcuntur!

Mēdēis -idis (pl Gr -es) adi < Mēdēa, artis magicae perīta (perītus +gen)

Mārsus -a -um, pl Mārsī, gēns mediae Italiae artis magicae studiōsa

nēnia -ae f = carmen magicum

Phāsias -adis f = Mēdēa (< Phasis, fluvius Colchidis) | Aesonidēs -ae m = Iāsōn (pater: Aesōn -onis)

Circē -ae f, Nympha, quae arte magicā hominēs in bēstiās mūtābat Mēdēa Iāsonem, Circē Ulixem amāvit nec arte magicā tenēre potuit

prō-fuerint (fut perf) : prōderunt philtrum -ī n = pōtiō magica pallentia : quae pallentēs faciunt

## [Nōlī arte magicā ūtī!]

Fallitur, Haemoniās sī quis dēcurrit ad artēs

datque quod ā tenerī  fronte revellit equī.                    100

Nōn facient ut vīvat amor Mēdēides herbae

mixtaque cum magicīs  nēnia Mārsa sonīs:

Phāsias Aesonidēn, Circē tenuisset Ulixem,

sī modo servārī  carmine posset amor.

Nec data prōfuerint pallentia philtra puellīs;            105

philtra nocent animīs  vimque furōris habent.


amābilis -ē = dignus quī amētur, amandus

nefās : ars magica

Nīreus -ī, 'vir Graecus pulcherrimus' ut ait Homērus; Hylās -ae m, adulēscēns fōrmōsus ā Nymphīs raptus licet (: quamvīs) sīs (tam fōrmōsus quam) Nīreus... Hylās...

ad-amāre = amāre incipere; adamātus ab antīquō Homērō

Nāiās -adis f, Nympha fluviōrum; tener Hylās Nāiadum crīmine raptus | Nā-i-a|dum-que

nec (: nēve) tē relictum esse mīrēris

bonīs corporis (: fōrmae) adde dōtēs ingeniī (: bona mentis)!

quantumque ad annōs (: māiōrem aetātem) accēdit, tantō minor fit

## [Ut amēris, amābilis estō!]

Sit procul omne nefās! Ut amēris, amābilis estō!

quod tibi nōn faciēs  sōlave fōrma dabit.

Sīs licet antīquō Nīreûs adamātus Homērō

Nāiadumque tener  crīmine raptus Hylās,          110

ut dominam teneās nec tē mīrēre relictum,

ingeniī dōtēs  corporis adde bonīs!

Fōrma bonum fragile est, quantumque accēdit ad

annōs

spatium -ī n = tempus (interiectum); spatiō suō : tempore exeunte carpitur : perit (ut flōs fōrmōsus) flōrēre -uisse = in flōre esse nec semper flōrent violae nec līlia hiantia | hiāre = patēre, aperīrī

fit minor et spatiō  carpitur ipsa suō.

Nec violae semper nec hiantia līlia flōrent,      viola   115 et riget āmissā  spīna relicta rosā;

spīna -ae *f*

rigēre : dūrus/acūtus esse, horrēre
rosā āmissā (: postquam rosa periit)
spīna relicta riget

et tibi iam venient cānī – fōrmōse! – capillī,

cānus -a -um = paene albus (colōre
cineris, pulveris, capillōrum senis)

iam venient rūgae,  quae tibi corpus arent.

rūgae frontem/corpus 'arant'

Iam mōlīre animum quī dūret et adstrue fōrmae:

mōlīrī (< mōlēs) = labōre efficere, ex-
struere; mōlīre animum quī dūret :
parā animum ita ut dūret
ad-struere = addere (struendō); et *animum* adstrue fōrmae (: ad fōrmam)

120  sōlus ad extrēmōs permanet ille rogōs.

per-manēre = diū manēre, dūrāre
ille (animus) sōlus permanet ad extrēmōs rogōs (: ad mortem)

Nec levis ingenuās pectus coluisse per artēs

ingenuus -a -um = līber nātus, līberō
homine dignus; per ingenuās artēs
nec levis cūra sit... pectus col*ere* et

cūra sit et linguās  ēdidicisse duās.

linguās duās ē-dis*cere* (= bene dis-
cere) :  nec leviter cūrandum est ut
per ingenuās artēs pectus (: ingenium) colās et linguās duās ēdiscās
linguās duās : Graecam et Latīnam

[*Ulixēs et Calypsō*]

Calypsō -ūs (*acc Gr* -ōn) *f*, Nympha
quae Ulixem amāvit neque eum in
īnsulā suā retinēre potuit

Nōn fōrmōsus erat, sed erat fācundus Ulixēs,

fācundus -a -um (< fārī) = ēloquēns

et tamen aequoreās  torsit amōre deās.

amōre torquēre = amōre dolentem
facere
deās (Nymphās) aequoreās: Circēn
et Calypsōn

125  Ō, quotiēns illum doluit properāre Calypsō

Calypsō doluit illum properāre
(: quod ille abīre properābat)

'rēmigiōque aptās  esse' negāvit 'aquās'!

Calypsō: "aquae rēmigiō aptae nōn
sunt"

Haec Trōiae cāsūs iterumque iterumque rogābat;

Troiae cās*um* rogābat : rogābat ut
ille Trōiae cāsum nārrāret

ille referre aliter  saepe solēbat idem.

re-ferre = nārrāre
aliter : novō modō

Lītore cōnstiterant; illīc quoque pulchra Calypsō

*in* lītore cōnstiterant (*plūsquamperf*
< cōnsistere : stābant)

130  exigit Odrysiī  fāta cruenta ducis.

ex-igere = poscere; exigit *ut referat*
fāta ducis Odrysiī cruenta | Od-ry-
Odrysius -a -um < Odrysae -ārum *m
pl,* gēnsThrāciae; dux O.: *Rhēsus,*
socius Priamī ā *Diomēde* occīsus
(Diomēdēs -is *m,* dux Graecōrum)

Ille levī virgā – virgam nam forte tenēbat –

spissus -a -um ↔ liquidus; in spissō
lītore (: in harēnā lītoris) opus quod

quod rogat in spissō  lītore pingit opus.

rogat (: cāsum Trōiae) pingit
pingere pīnxisse pictum = imāgine
faciendo ostendere

"Haec" inquit "Trōia est" – mūrōs in lītore fēcit –

mūrōs in lītore fēcit (: pīnxit)

"hic tibi sit Simoīs; haec mea castra putā!

Simoīs -entis *m,* fluvius ad Trōiam
putā haec mea castra *esse!*

*hic* campus erat | caede : cruōre
Dolōn -ōnis *m*, vir Trōiānus ā Diomēde occīsus quod castra Graecōrum explōrātum ībat noctū (vigil)
dum praemium optat quod Hector
eī prōmīserat: equōs Haemoniōs
(: Achillis, ex Haemoniā/Thessaliā)
Sīthonius -a -um < Sīthonia -ae *f*
= Thrācia

tentōrium -ī *n* = casa mīlitum pellibus
/vēlīs tēcta; tentōria : castra (Rhēsus
in tentōriō dormiēns occīsus est)

hāc *viā* ego nocte re-vectus sum captīs equīs (Ulixēs et Diomēdēs equōs
Rhēsī pulcherrimōs rapuērunt)

plūraque *in lītore* pingēbat – cum subitus flūctus Pergama abstulit (: dē-
lēvit) et castra Rhēsī cum duce suō!
(: castra ablāta sunt cum Rhēsō duce
suō)

dea (Calypsō): "vidēs*ne* quanta nōmina (: opera nōbilia) perdiderint
undae quās tibi itūrō fīdās (: tūtās)
*esse* crēdis?"

timidē cōnfīde (: nōlī cōnfīdere) fallācī figūrae (= fōrmae)!

aliquid plūris corpore (: plūris pretiī
quam corpus) : animum, ingenium

hirundō
-inis *f*

līs lītis *f* = iūrgium
ob-sequī + *dat* = cēdere, pārēre

dexter -a -um = aptus, commodus
indulgentia -ae *n* = venia, patientia;
   dextera indulgentia praecipuē
   mentēs capit
asperitās -ātis *f* (↔ indulgentia)
   < *asper* -era -erum = ferus, sevērus

accipiter -tris *m*, avis fera
ōdimus accipitrem, quia semper vivit
in armīs (: bellāns), et lupōs solitōs
(: quī solent) in pavidum pecus īre
(: impetum facere)

at hirundō īnsidiīs hominum caret
(: ab hominibus nōn capitur) quia
mītis *est* | mītis -e ↔ ferus
āles -itis *f* (< āla) = avis
Chāonia -idis *adi f* < Chāonia, regiō
Ēpīrī; āles Chāonis (: columba) habet turrēs (*tūtās*) quās *in*colat
amārus -a -um = acerbus
proelium linguae : iūrgium

mollis (: tener) amor dulcibus verbīs
   alendus est

---

Campus erat" – campumque facit – "quem caede     13[5]

 tentōrium                           Dolōnis

sparsimus, Haemoniōs  dum vigil optat equōs.

Illīc Sīthoniī fuerant tentōria Rhēsī;

hāc ego sum captīs  nocte revectus equīs..."

Plūraque pingēbat – subitus cum Pergama flūctus

abstulit et Rhēsī  cum duce castra suō!     140

Tum dea "Quās" inquit "fīdās tibi crēdis itūrō,

perdiderint undae  nōmina quanta, vidēs?"

– Ergō age, fallācī timidē cōnfīde figūrae,

quisquis es, aut aliquid corpore plūris habē!

accipiter

*[Este procul lītēs! Obsequere fēminīs!]*

Dextera praecipuē capit indulgentia mentēs;     145

asperitās odium  saevaque bella movet.

Ōdimus accipitrem, quia vīvit semper in armīs,

et pavidum solitōs  in pecus īre lupōs;

at caret īnsidiīs hominum, quia mītis, hirundō,

quāsque colat turrēs  Chāonis āles habet.     150

Este procul lītēs et amārae proelia linguae!

Dulcibus est verbīs  mollis alendus amor.

Līte fugent nuptaeque virōs nuptāsque marītī

inque vicem crēdant res sibi semper agī;

155 hoc decet uxōrēs, dōs est uxōria lītēs

– audiat optātōs semper amīca sonōs.

Nōn lēgis iussū lectum vēnistis in ūnum;

fungitur in vōbīs mūnere lēgis Amor.

Blanditiās mollēs auremque iuvantia verba

160 affer, ut adventū laeta sit illa tuō.

Nōn ego dīvitibus veniō praeceptor amandī;

nīl opus est illī quī dabit arte meā.

Sēcum habet ingenium quī cum libet "accipe" dīcit;

cēdimus, inventīs plūs placet ille meīs.

165 Pauperibus vātēs ego sum, quia pauper amāvī;

cum dare nōn possem mūnera, verba dabam.

Pauper amet cautē, timeat maledīcere pauper,

multaque dīvitibus nōn patienda ferat.

Mē meminī īrātum dominae turbāsse capillōs

170 – haec mihi quam multōs abstulit īra diēs!

Nec putǒ nec sēnsī tunicam laniāsse, sed ipsa

dīxerat, et pretiō est illa redēmpta meō.

At vōs, sī sapitis, vestrī peccāta magistrī

---

fugāre = in fugam dare, persequī
nupta -ae *f* (*part* < nūbere) = uxor
: et nuptae virōs et marītī nuptās līte
fugent! (: *coniugēs* inter sē certent!)
in vicem = alter alterum, uterque
rēs agitur +*dat* = iūs datur; uterque
crēdat iūs sibi darī/esse
hoc : lītēs facere
uxōrius -a -um < uxor

amīca semper optātōs sonōs (: op-
tāta verba, blanditiās) audiat
iussū alicuius = ut aliquis iussit; nōn
lēgis iussū (: coniugiō lēgitimō) in
ūnum lectum vēnistis (tū et amīca)
in vōbīs Amor lēgis mūnere fungitur
mūnus -eris *n* = officium
fungī fūnctum +*abl*: officiō/mūnere
fungī = officium/mūnus praestāre
verba aurem iuvantia (: quae aurem
dēlectant)

adventus -ūs m < ad-venīre
illa : amīca tua

ni*hi*l arte meā opus est illī quī dabit
(: quī *amīcae multa* dabit)

sēcum habet ingenium : ipse artem
nōvit (: nōn eget mē praeceptōre)
"accipe!" dīcit : largītur
cēdimus : cēdō (cum illō nōn certō)
ille *fēminīs* plūs placet inventīs meīs
(: quam inventa mea) | inventum -ī
*n* = quod inventum/excōgitātum est
vātēs : poēta

male-dīcere (+*dat*) = mala verba
dīcere; timeat maledīcere : timeat
(: caveat) nē *amīcae* maledīcat
ferat : patiātur

meminī mē īrātum capillōs dominae
(: amīcae) turbā*visse*

haec īra quam multōs diēs (amōris)
mihi abstulit!

nec putǒ nec sēnsī *mē* tunicam *eius*
laniā*visse*, sed ipsa *ita* dīxerat

illa (tunica) meō pretiō redēmpta est :
meā pecūniā nova tunica ēmpta est

peccātum -ī *m* < *peccāre* = prāvē fa-
cere | vestrī magistrī : mea

47

effugite (: vītāte) peccāta vestrī magistrī et timēte damn*um* culpae
meae (ut tunicam restituendam!)

effugite et culpae  damna timēte meae!

proelia *sint* cum Parthīs, cum cultā
amīcā sit pāx et iocus et quicquid
causās amōris habet
Parthī -ōrum *m pl*, gēns Asiae, hostēs
Rōmānōrum; *adi* Parthus -a -um

Proelia cum Parthīs, cum cultā pāx sit amīcā     175

et iocus et causās  quicquid amōris habet.

sī *amīca* tibi amantī nec satis
blanda nec *satis* cōmis erit
cōmis -e = benignus

Sī nec blanda satis nec erit tibi cōmis amantī,

ob-dūrāre = dūrus/patiēns esse

perfer et obdūrā:  postmodo mītis erit.

obsequium -ī *n* (< obsequī) = indulgentia, patientia
curvāre = curvum facere

Flectitur obsequiō curvātus ab arbore rāmus;

*rāmum* frangis
sī vīrēs tuās experiā*ris* : sī omnibus
vīribus temptēs

frangis, sī vīrēs  experiāre tuās.     180

trā-nāre = trāns-nāre (-natāre)
nec flūmina vincere (: trānāre) possīs, sī natēs contrā quam *tē* rapit
unda (: flūmen)

Obsequiō trānantur aquae, nec vincere possīs

flūmina, sī contrā  quam rapit unda natēs.

domāre -uisse -itum = mītem/pāren-
tem facere | tig|rēs-que
Numida -ae *adi m* < Numidia, regiō
Āfricae
taurus paulātim rūstica arātra sub-it

Obsequium tigrēsque domat Numidāsque leōnēs;

rūstica paulātim  taurus arātra subit.

asper -era -erum = ferus, sevērus

........... [*Fēmina aspera obsequiō domātur*]

cēde *fēminae* repugnantī!

Cēde repugnantī: cēdendō victor abībis,     197

fac modo *ut* agās *eās* partēs quās
illa *tē agere* iubēbit! (: age ita ut
illa *tē agere* iubēbit!)
arguere = suam sententiam dīcere,
affirmāre; *sī* arguet *illa*, arguitō!

fac modo quās partēs  illa iubēbit agās!

Arguet: arguitō! quicquid probat illa, probātō!

quod dīcit, dīcās! quod negat illa, negēs!     200

rīdēre rīsisse
sī rīserit, ad-rīdē (: rīdē ad illam)
mementō! *imp fut* < meminisse

Rīserit: adrīdē! sī flēbit, flēre mementō!

illa impōnat lēgēs vult*uī* tu*ō* (: vultum tuum laetum/trīstem... faciat)

Impōnat lēgēs  vultibus illa tuīs!

seu *āleā* lūdet | iactāre = iacere
numerōs eburnōs : tesserās eburnās
cum numerīs (I–VI) quī tesserās
bene/male iactās ostendunt
male iacta *n pl* = tesserae male iactae
: tū pretium prō male iactīs datō!
tālus -ī *m* = tessera ex osse ovis facta
victam n̄ē poena sequātur = nē victa
damnum patiātur (pretiō solvendō)

Seu lūdet numerōsque manū iactābit eburnōs,

tū male iactātō, tū male iacta datō!

seu iaciēs tālōs, victam nē poena sequātur,     205

damnōsī facitō stent tibi saepe canēs.

........... [*Etiam aliīs lūdīs fac ut illa vincat!*]

virga

[*Servitium et mīlitia amōris*]  umbrāculum

209 Ipse tenē distenta suīs umbrācula virgīs,

210 ipse fac in turbā, quā venit illa, locum.

Nec dubitā teretī scamnum prōdūcere lectō

et tenerō soleam dēme vel adde pedī.

Saepe etiam dominae, quamvīs horrēbis et ipse,

algentī manus est calfacienda sinū.

215 Nec tibi turpe putā (quamvīs sit turpe, placēbit)

ingenuā speculum sustinuisse manū.

...........

223 Iussus adesse Forō iussā mātūrius hōrā

fac semper veniās nec nisi sērus abī!

225 'Occurrās aliquō' tibi dīxerit: omnia differ,

curre, nec inceptum turba morētur iter!

Nocte domum repetēns epulīs perfūncta redībit:

tunc quoque prō servō, sī vocat illa, venī!

Rūre erit, et dīcet 'veniās!' Amor ōdit inertēs:

230 sī rota dēfuerit, tū pede carpe viam!

---

damnōsus -a -um < damnum
canis -is *m* = tālī male iactī (IV× I)
facitō *ut* damnōsī canēs saepe tibi
stent (: pretiō cōnstent)
stāre = pretiō cōnstāre

servitium -ī *n* = officium servōrum
mīlitia -ae *f* = officium mīlitum

dis-tendere -disse -tum = lātē tendere
umbrāculum -ī *n:* quod umbram dat
ipse (: tū, *prō ancillā*) tenē umbrācu-
*lum* suīs virgīs distent*um*
ipse fac locum in turbā quā illa venit

dubitāre + *īnf* = cūnctārī, cessāre
nec dubitā scamnum prō-dūcere (: afferre) teretī lectō (: ad teretem lectum); (lectus) teres : altus
solea -ae *f* = calceus levis
dēme vel adde soleam tenerō pedī

quamvīs *frīgore* horrēbis (horreā*s*)

algēre = frīgēre; dominae algentī
manus sinū *tuō* calfacienda est
cal-facere = calidum facere

nec putā tibi turpe *esse* speculum
*dominae* sustin*ēre* manū ingenuā
(id officium est *ancillae*, nōn *virī
ingenuī*)

mātūrus -a -um ↔ sērus, *adv* mātūrē
↔ sērō, *comp* mātūrius ↔ sērius
*sī* iussus *es* adesse *in* Forō, fac (*ut*)
semper veniās mātūrius *quam* hōrā
iussā (quā adesse iussus es) nec nisi
sērus abī (: ac semper sērō abī!)
ali-quō *adv* = in aliquem locum
*sī* tibi dīxerit *ut sibi* occurrās ("mihi
occurre!") aliquō, *alia* omnia differ!
dif-ferre dis-tulisse dī-lātum = post
/sērius facere
nec turba iter inceptum (: cursum
coeptum) morētur!

epulae -ārum *f pl* = cēna, convīvium
per-fungī -fūnctum + *abl* = peragere,
fīnīre

prō servō : in locō servī, ut servus

rūre = rūrī *loc*
in-ers -ertis *adi* (< in- + ars) = quī
artem nescit, piger
sī rota *tibi* dēfuerit : sī currum nōn
habēs

Canīcula -ae *f*, sīdus calōrem afferēns
sitīre = sitim patī
tardāre = tardum facere

**Nec grave tē tempus sitiēnsque Canīcula tardet**

nec via per iactās nivēs candida facta

**nec via per iactās candida facta nivēs.**

speciēs -ēī *f* = quod aspicitur/vidētur;
mīlitiae s.: quod mīlitia esse vidētur
sēgnis -e = piger, iners

**Mīlitiae speciēs amor est: discēdite, sēgnēs!**

haec signa : 'signa' amōris

**nōn sunt haec timīdīs signa tuenda virīs.**

**Nox et hiems longaeque viae saevīque dolōrēs**      235

mollia castra : 'castra' amōris
castrīs (*dat*) in-est = in castrīs in-est

**mollibus hīs castrīs et labor omnis inest.**

*dē* caelestī nūbe solūtum

**Saepe ferēs imbrem caelestī nūbe solūtum,**

et saepe frīgidus iacēbis *in* nūdā
humō
Cynthius -ī, Apollō (< Cynthus -ī *m*,
mōns Dēlī, ubi nātus est Apollō)
Admētus -ī, rēx Pheraeus (< Pherae
-ārum *f pl*, oppidum Thessaliae)
Apollō bovēs Admētī novem annōs
pāvisse fertur (= nārrātur)
dē-litēscere -lituisse = latēre

**frīgidus et nūdā saepe iacēbis humō.**

**Cynthius Admētī vaccās pāvisse Pheraeī**

**fertur et in parvā dēlituisse casā:**      240

ex-uere -uisse -ūtum = dēmere
exue fāst*um* (= superbiam) quisquis
cūram amōris mānsūrī habēs : quisquis es quī cūrās ut amor mānsūrus
sit (:: diū maneat)

**quod Phoebum decuit, quem nōn decet? exue fāstūs,**

**cūram mānsūrī quisquis amōris habēs.**

sī tibi negābitur (: tibi nōn licet) īre
per tūtum plānumque *n* : per *iter* tū-
tum plānumque | plānus = aequus
fulcīre fulsisse fultum = sustinēre,
mūnīre; (serā) fulta : bene clausa
sera -ae *f* = trabs quā iānua clauditur

**Sī tibi per tūtum plānumque negābitur īre**

**atque erit opposītā iānua fulta serā,**

per praeceps (*n*) = praecipitāns
dē-lābī = deorsum lābī; dēlābere *dē*
tēctō apertō (in ātrium)

**at tū per praeceps tēctō dēlābere apertō,**      245

alta fenestra *tibi* fūrtīv*am* viam det
(: tē fūrtim intrāre sinat)

**det quoque fūrtīvās alta fenestra viās.**

et sciet sē esse causam perīc*u*lī tibi
perīclum -ī *n* = perīc*u*lum

**Laeta erit et causam tibi sē sciet esse perīclī;**

pignus amōris : id quod amōrem
vērum esse affirmat

**hoc dominae certī pignus amōris erit.**

Lēandrus -ī *m*, adulēscēns quī noctū
fretum *Hellēspontum* trānsnābat ut
vīseret amīcam , nōmine *Hērō*
*fretum* ‡rānsnābās ut illa (Hērō) animum tuum (fortem ac fīdum)
nōv*isse*t
-

**Saepe tuā poterās, Lēandre, carēre puellā;**

**trānsnābās, animum nōsset ut illa tuum.**      250

............

calathus
-ī *m*

## [*Mūnera danda*]

261 Nec dominam iubeō pretiōsō mūnere dōnēs;

  parva, sed ē parvīs callidus apta datō.

iubeō (ut) dōnēs = iubeō tē dōnāre

parva *mūnera* datō, sed ē parvīs apta
 : ita apta ut parva nōn videantur
callidus -a -um = prūdēns et fallāx

Cum bene dīves ager, cum rāmī pondere nūtant,

  afferat in calathō rūstica dōna puer

cum bene dīves *est* ager
pondere *pōmōrum, ūvārum...*
nūtāre = flectī deōrsum

rūstica dōna : pōma, ūvae, nucēs...
puer : servus

265 ('rūre suburbānō' poteris 'tibi' dīcere 'missa

  illa' – vel in Sacrā sint licet ēmpta Viā!);

poteris dīcere '*ā* rūre (: praediō) suburbānō illa tibi missa *esse*'

vel (: etiam) licet (: quamvīs) in
 Sacrā Viā ēmpta sint! | Sac‖rā

afferat aut ūvās aut 'quās Amaryllis amābat'

  (at nunc...) castaneās (...nōn amat illa!) nucēs.

aut castaneās nucēs, 'quās Amaryllis
 amābat' (Vergilius: *Ecloga* II.52) –
 at nunc illa (amīca tua) nōn amat
Amaryllis -idis *f*, amīca pāstōrum
 (in carminibus Vergiliī poētae)
nux castanea = castanea

Quīn etiam turdōque licet missāque columbā

270 tē memorem dominae testificēre tuae.

licet testificēris (: licet tē testificārī)
 'tē dominae tuae memorem *esse*'
testificārī = affīrmāre, dēmōnstrāre
 (: mūneribus: turdō et columbā)

............
castanea -ae *f*

turdus
-ī *m*

273 Quid tibi praecipiam tenerōs quoque mittere

  versūs?

(versūs) tenerī : amātōriī

Ei mihi, nōn multum carmen honōris habet!

nōn multum honōris habet : nōn
 magnī aestimātur

275 Carmina laudantur – sed mūnera magna petuntur:

  dummodo sit dīves, barbarus ipse placet.

barbarus ipse : etiam barbarus

Aurea sunt vērē nunc saecula: plūrimus aurō

  vēnit honōs, aurō conciliātur amor.

saecula = aetās
plūrimus (: māximus) honōs aurō
 vēn-it (: emī potest)
aurō : magnā pecūniā
conciliāre = sibi adiungere, sibi
 quaerere, emere

Ipse licet veniās Mūsīs comitātus, Homēre

280 – sī nihil attuleris, ībis, Homēre, forās!

licet (: quamvīs) veniās
Mūsīs comitātus : cum carminibus

sī nihil (: nūllum mūnus) attuleris
forās ībis : forās dīmittēris, ēiciēris

Sunt tamen et doctae – rārissima turba! – puellae,

altera nōn doctae  turba, sed esse volunt.

Utraque laudētur per carmina; carmina lēctor

commendet dulcī  quāliacumque sonō.

His ergō aut illīs vigilātum carmen in ipsās          285

forsitan exiguī  mūneris īnstar erit.

. . . . . . . . . . . .

Sed tē, cuicumque est retinendae cūra puellae,          295

attonitum fōrmā  fac putet esse suā!

Sīve erit in Tyriīs, Tyriōs laudābis amictūs;

sīve erit in Cōīs,  'Cōa decēre' putā!

Aurāta est: ipsō tibi sit pretiōsior aurō!

Gausapa sī sūmit, gausapa sūmpta probā!          300

Adstiterit tunicāta: "Movēs incendia!" clāmā!

– sed timidā 'caveat  frīgora' vōce rogā!

Compositum discrīmen erit: discrīmina laudā!

Torserit igne comam: torte capille, placē!

Bracchia saltantis, vōcem mīrāre canentis,          305

et quod dēsierit  verba querentis habē!

. . . . . . . . . . . .

altera turba nōn doctae *sunt*, sed *doctae* esse volunt

utraque *turba* (et doctae et indoctae) lēctor -ōris *m* = quī legit/recitat
lēctor carmina dulcī sonō (: vōce) commendet quālia-cumque *sunt* (: sīve bona sīve mala sunt)
com-mendāre = grātum facere
hīs/illīs *dat* : doctīs/indoctīs (puellīs)
vigilātum carmen in ipsās : carmen nocte vigilātā scrīptum *ad* ipsās
hīs aut illīs carmen ....... forsitan exiguī mūneris īnstar erit (: exiguum mūnus esse vidēbitur)

cui-cumque (: quī-cumque es cui) cūra est retinendae puellae (: ut puellam retineās)
fac (ut) *illa* putet tē fōrmā suā attonitum esse!

Tyrius -a -um (< Tyros -ī *f*, urbs Syriae, unde venit purpura pretiōsa), *purpureus; n pl* vestīmenta Tyria
Cōus -a -um (< Coos -ī *f*, īnsula); *n pl*, vestīmenta Cōa; 'Cōa decēre' putā : dīc: "Cōa tē decēre putō"
aurāta : veste aurātā vestīta : dīc eī: "tū mihi pretiōsior es ipsō aurō!"
gausapum -ī *n* = pallium ē lānā facta (gausap*a* : gausap*um*)

ad-stāre -stitisse; *sī* adstiterit tunicātus -a -um = tunicā vestītus
"movēs incendia!" : "mē incendis!"
timidā vōce rogā *illam ut* caveat frīg*us:* "cavē frīg*us!*"

discrīmen (capillōrum): quō dīviduntur capillī

*sī* torserit igne (: ferrō calidō) comam: torte capille *(voc!)*, placē! : tortus (crispus) capillus tibi placeat
mīrāre (= admīrāre) bracch*ia puellae* saltantis, vōcem canentis!

verba querentis (= querēllam) habē : querere!

. . . . . . . . . . .          discrīmen

### [Amīca languēns cūranda]

315 Saepe sub autumnum, cum fōrmōsissimus annus

    plēnaque purpureō subrubet ūva merō,

cum modo frīgoribus premimur, modo solvimur

                             aestū,

āere nōn certō corpora languor habet.

Illa quidem valeat – sed sī male fīrma cubābit

320    et vitium caelī sēnserit aegra suī,

tunc amor et pietās tua sit manifesta puellae;

    tum sere quod plēnā postmodo falce metās.

.............

### [Amor novus tempore fīrmātur]

337 Sed nōn cui dederās ā lītore carbasa ventō

    ūtendum, mediō cum potiēre fretō.

Dum novus errat amor, vīrēs sibi colligat ūsū:

340    sī bene nūtrieris, tempore fīrmus erit.

quem taurum metuis, vitulum mulcēre solēbās;

    sub quā nunc recubās arbore, virga fuit;

nāscitur exiguus, sed opēs acquīrit eundō,

    quāque venit, multās accipit amnis aquās.

languēre = īnfīrmus esse, aegrōtāre

cum fōrmōsissimus *est* annus plēnaque merō purpureō ūva sub-rubet

purpureus -a -um = colōre purpurae
sub-rubēre = rubēre (paulum)

aestus -ūs *m* = calor

āere nōn certō : cum āēr mūtātur
languor -ōris *m* < languēre; languor
corpora habet : corpora languent

male fīrma = īnfīrma, aegra

vitium caelī : mala tempestās (ut
frīgus/calor/imber)

pietās -ātis *f* < pius
manifestus -a -um = quī clārē sentī
tur, plānus

plēnā falce metere : largē metere

vacca         vitulus

fīrmāre = fīrmum facere

nōn *tibi* ūtendum *est* (: nōn ūtāris)
ventō cui ā lītore carbasa dederās
carbasa -ōrum *n pl* = vēla; ventō vēla
/carbasa dare = nāve proficīscī
cum mediō fretō potiē*ris* = cum in
medium mare veniēs

sibi colligere = sibi parāre, nancīscī

nūtrīre -īvisse/-iisse -ītum = alere
sī *amōrem* bene nūtrieris, ...

vitulus -ī *m* = pullus vaccae
mulcēre = blandē tangere, plaudere
taurum, quem *nunc* metuis, vitulum
mulcēre solēbās; *arbor*, sub quā
nunc recubās, virga fuit
re-cubāre = cubāre

amnis nāscitur (: oritur) exiguus, sed
opēs (: vīrēs) acquīrit eundō
ac-quīrere (< ad + quaerere) = sibi
quaerere, nancīscī

cōn-/ad-suēscere -ēvisse +*dat* = ūsū
nōscere; fac (ut) *illa* tibi cōnsuēscat
cōn-/ad-suētūdō -inis *f* (< *-suēscere*)
= vīta ūsū coniūncta; nīl māius *est*
adsuētūdine (: quam adsuētūdō)
taedium -ī *n* = rēs molesta cuius tē
taedet; taed*ium* nūll*um* fuge (: vītā)!
tibi praebeat aurēs : tē loquentem
audiat

ex-hibēre = ostendere; noxque diēs-
que vult*um* tu*um* exhibeat : et nocte
et diē exhibeātur vultus tuus

cum tibi māior fīdūcia erit *tē* posse
requīrī (: dēsīderārī) : cum magis
cōnfīdis tē *ab illā* dēsīderātum īrī
cum procul absentī *puellae* cūra fu-
tūrus eris : cum puella procul absēns cūram dē tē habēbit
re-quiēs -ētis (*acc* -iem) *f* = quiēs
(ager) requiētus = quī requiēvit (sine
frūgibus) | serere sēvisse satum
crēdita : sēmina sata (agrō crēdita)
āridus -a -um = siccus; terra ārida
caelestēs aquās (: imbrēs) sorbet
sorbēre = bibere

Fac tibi consuēscat: nīl adsuētūdine māius,                          345

    quam tū dum capiās,  taedia nūlla fuge!

Tē semper videat, tibi semper praebeat aurēs,

    exhibeat vultūs  noxque diēsque tuōs.

Cum tibi māior erit fīdūcia, posse requīrī,

    cum procul absentī  cūra futurus eris,                          350

dā requiem!  Requiētus ager bene crēdita reddit,

    terraque caelestēs  ārida sorbet aquās.

...........

Helenē -ēs *f* (*acc Gr* -ēn) = Helena,
uxor Menelāī

sed mora tūta brevis *est*
lentēscere = lentus fierī, neglegī
cūrae : amōrēs

vānēscere = ē-vānēscere, dēsinere
*amor* absēns (: absentis) vānēscit et
novus amor (: amātor) intrat

tepidus -a -um = placidē calidus
nocte *in* tepidō sinū hospitis recepta
est; hospes: Paris

stupor -ōris *m* = factum stultum,
*stultitia*

īsdem = iīsdem; sub *eō*dem tēct*ō*

furiōse! *voc*

ovīle -is *n* = locus quō inclūduntur
ovēs; plēnum ovīle (: omnēs ovēs
tuās) montānō lupō crēdis!

peccāre = prāvē facere
com-mittere = (malum) facere

ille (Paris) facit *id* quod tū *facerēs*,
quod quī-libet *vir* faceret

## [*Helenē et Paris adulter*]

Sed mora tūta brevis: lentēscunt tempore cūrae                          357

    vānēscitque absēns  et novus intrat amor.

Dum Menelāus abest, Helenē, nē sōla iacēret,

    hospitis est tepidō  nocte recepta sinū.                          360

Quī stupor hic, Menelāe, fuit! Tū sōlus abībās,

    īsdem sub tēctīs  hospes et uxor erant!

Accipitrī timidās crēdis – furiōse! – columbās,

    plēnum montānō  crēdis ovīle lupō!

Nīl Helenē peccat, nihil hic committit adulter;                          365

    quod tū, quod faceret  quīlibet, ille facit.

Cōgis adulterium dandō tempusque locumque;

cōgis *uxōrem ad* adulterium

quid nisi consiliō est ūsa puella tuō?

quid *fēcit* puella nisi *quod* cōnsiliō tuō ūsa est?

Quid faciat? vir abest, et adest nōn rūsticus hospes,

nōn rūsticus : urbānus

370 et timet in vacuō sōla cubāre torō.

Atrīdēs -ae *m*, Menelāus, Atreī filius
vīderit Atrīdēs : Atrīdēs videat (re-
putet) quid fēcerit | At-rī|dēs
crīmine solvere : excūsāre

Vīderit Atrīdēs; Helenēn ego crīmine solvō:

ūsa est hūmānī commoditāte virī.

hūmānus = urbānus et cōmis
commoditās -ātis *f* = tempus aptum
ūsa est commoditāte virī hūmānī
(: ā virō hūmānō datā)

vīpera

[*Īra fēminae paelice in lectō iugālī dēprehēnsā*]

dē-prehendere/-prēndere -disse -ēn-
sum = prehendere, subitō invenīre

Sed neque fulvus aper mediā tam saevus in īrā est,

fulvus -a -um: color leōnis et aprī
tam saevus ... quam fēmina (v. 377)
fulmineus -a -um < fulmen; ōre fulmineō : dentibus fulmineīs

fulmineō rabidōs cum rotat ōre canēs,

rabidus -a -um = īrā saevā incēnsus
rotāre (< rota) = circum iactāre
lea -ae *f* = leō fēmina

375 nec lea, cum catulīs lactentibus ūbera praebet,

catulus -ī *m* = pullus (canis/leae)
lactēns -entis *adi* = lac mātris bibēns

nec brevis ignārō vīpera laesa pede

vīpera -ae *f* = anguis parva (brevis)
nec brevis vīpera ignārō (: incautō)
pede laesa *tam saeva in īrā est*

fēmina quam sociī dēprēnsā paelice lectī:

quam fēmina paelice lectī sociī
(: in lectō iugālī) dēpre*h*ēnsā

ārdet et in vultū pignora mentis habet;

pignus -oris *n* = signum (testificāns)
pign*us* mentis *furiōsae*

in ferrum flammāsque ruit positōque decōre

in ferrum flammāsque : parata ad
paelicem gladiō et igne necandam
positō (: neglēctō) decōre fertur (: it)
: ut *Baccha* cornibus *Bacchī* icta

380 fertur, ut Āoniī cornibus icta deī.

īcere īcisse ictum = percutere

Coniugis admissum violātaque iūra marīta est

admissum -ī *n* = peccātum
marītus -a -um = iugālis

barbara per natōs Phāsias ulta suōs;

Phāsias (*Mēdēa*) barbara admissum
coniugis (*Iāsonis*) violātaque iūra
marīta ulta est per natōs suōs (: nā-
tōs suōs necandō: ita Mēdēa furiōsa Iāsonem adulterum pūnīvit)

altera dīra parēns haec est quam cernis hirundō:

dīra parēns: *Procnē* -ēs *f*, quae item
marītī adulterium ulta est necandō
filiō – et mūtāta est in hirundinem,
cui est pectus ruber (sanguineus)

aspice, signātum sanguine pectus habet.

385 Hoc bene compositōs, hoc fīrmōs solvit amōrēs;

hoc : adulterium

*ista crīmina : crīmina adulteriī*

crīmina sunt cautīs ista timenda virīs.

*cēnsūra -ae f (< cēnsēre) = sententia : nec cēnseō tē ūnī puellae dōnandum esse*

Nec mea vōs ūnī dōnat cēnsūra puellae;

*dī melius faciant!– nupta hoc (: ūnum virum amandum) vix tenēre potest*

dī melius! – vix hoc nupta tenēre potest.

*lūdite! : gaudēte (amandō)! modestus -a -um (< modus) = modum nōn excēdēns, cautus*

Lūdite, sed fūrtō cēlētur culpa modestō;

*nūlla glōria peccātī suī (: ob peccātum suum) cuiquam petenda est*

glōria peccātī nūlla petenda suī est.  390

*nec (nē) dederis = nōlī dare cognōvisse : re-cognōvisse*

Nec dederis mūnus, cognōsse quod altera possit,

*nēquitia -ae f (< nēquam) = peccātum, amor fūrtīvus*

nec sint nēquitiae tempora certa tuae,

*latebra -e f = locus ubi latet aliquis nē fēmina tē capiat (: dēprehendat) in latebrīs sibi nōtīs con-venīre +acc: aliquem (= cum aliquō) con-venīre; nōn omnis fēmina ūnō (: eōdem) locō convenienda est*

et, nē tē capiat latebrīs sibi fēmina nōtīs,

nōn ūnō est omnis convenienda locō;

et, quotiēns scrībēs, tōtās prius ipse tabellās  395

*plūs quam sibi missa : aliās litterās quae male dēlētae sunt*

īnspice: plūs multae quam sibi missa legunt.

............

*torpēre = languēre, iners esse, fatīgārī*

[Dē amōre torpentī excitandō]

*sunt fēminae quibus timida indulgentia in-grātē servit : quibus indulgentia virī timidī grāta nōn est in-grātus -a -um; adv -ē = sine grātiā sub-esse = clam adesse aemula -ae f = altera amīca, paelex*

Sunt quibus ingrātē timida indulgentia servit  435

et, sī nūlla subest aemula, languet amor;

*luxuriāre = superbē gaudēre*

luxuriant animī rēbus plērumque secundīs,

*commoda patī : rēs secundās ferre*

nec facile est aequā commoda mente patī.

*ut ignis, absūmptīs ... vīribus, ipse levis (: exiguus) latet ..., sīc (v.443)*

Ut levis absūmptīs paulātim vīribus ignis

*cānēre = cānus esse cinis in summō igne cānet : cinis cānus ignem operit*

ipse latet, summō cānet in igne cinis,  440

*sulphur -uris n, māteria fulva et olēns quae facile incenditur*

sed tamen exstīnctās admōtō sulphure flammās

56

invenit, et lūmen  quod fuit ante redit:

> invenit : suscitat
> lūmen : flammae

sīc, ubi pigra situ sēcūraque pectora torpent,

> situs -ūs *m* = quiēs, languor | pig-ra
> ubi pectora situ pigra sēcūraque tor-
> pent | sē-cūra = sine cūrā, tūta

ācribus est stimulīs  ēliciendus amor.

> stimulus -ī *m* = rēs quae stimulat
> ē-licere -iō -uisse -itum = excitāre

445 Fac timeat dē tē tepidamque recalface mentem;

> fac *ut illa* timeat dē tē (: tuō amōre)
> tepidus = parum calidus
> re-calfacere = iterum calfacere

palleat indiciō  crīminis illa tuī!

> indicium -ī *n* = nūntius (maleficiī)

Ō quater et quotiēns numerō comprēndere nōn est

> ō quater ... fēlīcem (: fēlīcissimum)
> *virum...*!
> nōn est +*īnf* = fierī nōn potest, nōn
> licet; numerō com-prehendere nōn
> est : numerārī nōn potest

fēlīcem dē quō  laesa puella dolet!

> laesa puella : quae virī peccātō laesa
> esse vidētur

quae simul invītās crīmen pervēnit ad aurēs,

> simul crīmen ad invītās aurēs per-
> vēnit : simul *atque* invīta crīmen
> *virī* audīvit

450    excidit, et miserae  vōxque colorque fugit.

> ex-cidere = concidere (sine mente)
> miserae vōxque colorque fugit (: de-
> est) : misera *puella* mūta pallēscit

Ille ego sim cuius laniet furiōsa capillōs,

> *utinam* ego sim ille cuius capillōs
> furiōsa *puella* laniet, ... cui tene-
> rās genās ungue petat!

ille ego sim tenerās cui petat ungue genās,

quem videat lacrimāns, quem torvīs spectet ocellīs,

> torvus -a -um = mināns, sevērus

quō sine nōn possit  vīvere – posse velit!

> sine quō vīvere nōn possit, *quamvīs*
> posse velit!

455 Sī spatium quaerās, breve sit, quō laesa querātur,

> breve sit *spatium* (tempus) quō
> laesa querātur

nē lentā vīrēs  colligat īra morā.

> nē īra vīrēs colligat (: validior fīat)
> lentā morā

Candida iam dūdum cingantur colla lacertīs,

> coll*um* candid*um* lacertīs cing*ātur* :
> collum *puellae* candidum com-
> plectāris

inque tuōs flēns est  accipienda sinūs.

> flēns in tu*um* sin*um* accipienda est

Ōscula dā flentī, Veneris dā gaudia flentī:

460    pāx erit – hōc ūnō  solvitur īra modō.

Cum bene saevierit, cum certa vidēbitur hostis,

> saevīre -iisse = saevus esse
> hostis -is *f* ↔ amīca
> con-cubitus -ūs *m* < con-cumbere
> foedus -eris *n* = lēx quā pāx statu-
> itur; pete foedera concubitūs
> = pete pācem concubitū

tum pete concubitūs  foedera: mītis erit.

| | |
|---|---|
| illīc : in concubitū<br>dē-pōnere; tēlīs (: armīs) dēpositīs<br>Concordia -ae *f*, dea | Illīc dēpositīs habitat Concordia tēlīs, |
| illō locō : in amantium lectō<br>Grātia -ae *f*, dea | illō – crēde mihī – Grātia nāta locō est. |
| columbae quae modo pugnāvērunt<br>sua rōstra iungunt (: 'ōsculantur')<br>rōstrum -ī *n* = ōs avis | Quae modo pugnārunt, iungunt sua rōstra columbae, 465 |
| blanditiās verbaque : blanda verba<br>murmur : vōx columbārum | quārum blanditiās verbaque murmur habet. |

### [Animus ferus amōre mollītur]

| | |
|---|---|
| cōn-fūsus -a -um = turbātus, mixtus<br>mōlēs -is *f* = ingēns fōrma incondita,<br> *Gr chaos n* | Prīma fuit rērum cōnfūsa sine ōrdine mōles |
| sīdera : caelum; fretum : mare | unaque erat faciēs sīdera, terra, fretum; |
| caelum terrīs (: super terrās) im-<br>positum *est* | mox caelum impositum terrīs, humus aequore<br><br>cīncta est |
| suās partēs : caelum, terram, mare<br>ināne chaos : chaos sine ōrdine | inque suās partēs cessit ināne chaos; 470 |
| habendās : *incolās* habendās | silva ferās, volucrēs āer accēpit habendās; |
| piscēs! *voc*<br>dē-litēscere -lituisse (< latēre) = sē<br>occultāre | in liquidā, piscēs, dēlituistis aquā. |
| genus hūmānum = genus hominum<br>sōlīs : vāstīs | ag-rīs | Tum genus hūmānum sōlīs errābat in agrīs |
| id (: genus hūmānum)<br>merae vīrēs : nihil praeter vīrēs | idque merae vīrēs et rude corpus erat; |
| fuerat : erat<br>: in silvā habitābant, herbam edēbant,<br>in frondibus cubābant | silva domus fuerat, cibus herba, cubīlia frondēs, 475 |
| cognitus -a -um = nōtus; nūllī alter<br>cognitus erat = inter sē ignōtī erant | iamque diū nūllī cognitus alter erat. |
| trux trucis *adi* = ferōx, saevus<br>blanda voluptās (: amor grātus) trucēs<br>animōs mollīvisse fertur (: dīcitur) | Blanda trucēs animōs fertur mollīsse voluptās: |
| cōnstiterant : stābant | cōnstiterant ūnō fēmina virque locō. |
| ipsī didicērunt nūllō magistrō *do-*<br>*cente* | Quid facerent, ipsī nūllō didicēre magistrō; |
| Venus nūllā arte dulce opus *amandī*<br>per-ēgit | arte Venus nūllā dulce perēgit opus. 480 |

Āles habet quod amet; cum quō sua gaudia iungat

invenit in mediā fēmina piscis aquā,

cerva parem sequitur, serpēns serpente tenētur;

haeret 'adulteriō' cum cane nexa canis;

485 laeta salītur ovis, taurō quoque laeta iuvenca est;

sustinet immundum sīma capella marem.

In furiās agitantur equae spatiōque remōta

per loca dīviduōs amne sequuntur equōs.

Ergō age et īrātae medicāmina fortia praebē!

490 illa ferī requiem sōla dolōris habent,

illa Machāoniōs superant medicāmina sūcōs;

hīs, ubi peccāris, restituendus eris.

pollex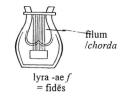

[*Phoebō pārēte monentī!*]

Haec ego cum canerem, subitō manifestus Apollō

mōvit inaurātae pollice fīla lyrae.

495 In manibus laurus, sacrīs indūta capillīs

laurus erat: vātēs ille videndus adit.

Is mihi "Lascīvī" dīxit "praeceptor Amōris,

dūc, age, discipulōs ad mea templa tuōs!

Est ubi dīversum fāmā celebrāta per orbem

---

**Glosses (right column):**

quod amet : mārem quem amet
piscis fēmina (↔ mās) in mediā
aquā invenit *marem* cum quō sua
gaudia iungat (: cum quō gaudēns
sē iungat)

cervus -ī *m*, mās; *cerva* -ae *f*
pār paris *m* = socius; parem : cervum
serpēns -entis *f/m* = anguis

canis -is *m/f*
nectere nexuisse nexum = iungere

salīre +*acc*: mās fēminam salīre vult

capella –ae *f* = capra
sīmus -a -um = cui nārēs lātae sunt;
sīma capella marem (: caprum) immundum *tergō* sustinet
furia -ae *f* = furor
spatium -ī *n* = locus quī interest
remōtus -a -um = longinquus
equae per loca spatiō remōta equōs
amne *ab sē* dīviduōs sequuntur
dīviduus -a -um = dīvīsus
īrātae *fēminae* (dat)
medicāmen -inis *n* = remedium; medicāmina fortia (: valida) : Veneris
gaudia (v. 459)
illa sōla requiem ferī dolōris habent
(: fīnem ferī dolōris faciunt)
sūcus -ī *m* = pōtiō ē pōmīs pressa
Machāonius -a -um < Machāōn -onis
*m*, medicus Graecus perītus
ubi (: cum) peccā*v*eris
re-stituere : sānāre, corrigere

lyra -ae *f*
= fidēs

in-aurātus -a -um = aurātus
fīla lyrae inaurātae pollice mōvit

induere +*dat*: sacrīs capillīs laurus
indūta (: imposita) erat | sac|rīs

vātēs: Apollō est deus vātum

lascīvus -a -um = laetus, libenter
lūdēns

ad me*um* templ*um* (: Delphōs)

per dīversum orbem : per ūniversum
orbem terrārum
celebrātus -a -um = multīs nōtus

littera : īnscrīptiō: "nōsce tē ipsum" (Graecē: γνωθι σεαυτον) quae iubet quemque 'sibi (: ā sē) cognōscī' (: 'sē cognōscere') sibi nōtus esse = sē nōvisse

> littera 'cognōscī' quae 'sibi' quemque iubet.  500

> Quī sibi nōtus erit, sōlus sapienter amābit

omne opus ad vīrēs suās (: prō vīribus, ut poterit) ex-iget ex-igere -ēgisse -āctum = peragere

> atque opus ad vīrēs exiget omne suās:

*is* cui faciem *pulchram* nātūra dedit ab illā (: puellā) spectētur

> cui faciem nātūra dedit, spectētur ab illā;

*is* cui color *pulcher* est umerō patente (: nūdō) *ac*cubet

> cui color est, umerō saepe patente cubet;

*is* quī sermōne placet taciturnus -a -um = tacitus, quī tacēre solet

> quī sermōne placet, taciturna silentia vītet;  505

> quī canit arte, canat; quī bibit arte, bibat.

*in* mediō sermōne *ōrātōrēs* disertī

> Sed neque dēclāment mediō sermōne disertī,

nec nōn sānus (: īnsānus) poēta sua scrīpta legat (: recitet)

> nec sua nōn sānus scrīpta poēta legat!"

> Sīc monuit Phoebus: Phoebō pārēte monentī!

certa fidēs est in ōre sacrō huius deī : verbīs sacrīs huius deī fīdendum est sac|rō

> certa deī sacrō est huius in ōre fidēs. –  510

## [Dolōrēs amātōrī ferendī]

propiōra *n pl* : rēs propiōrēs (meam Artem)

Ad propiōra vocor: quisquis sapienter amābit,

ē nostrā (: meā) 'Arte *amātōriā*' feret *id* quod petet
sulcus -ī *m* = līnea per agrum arāta nōn semper sulcī (: ager arātus) crēdita (: sēmina) cum faenore reddunt faenus -oris *n* = lucrum ē rē crēditā factum ratēs : nāvēs

> vincet et ē nostrā quod petet Arte feret.

> Crēdita nōn semper sulcī cum faenore reddunt,

> nec semper dubiās adiuvat aura ratēs:

*id* quod *amantēs* iuvat exiguum *est* laed*at* : laedere potest
*amantēs* animō suō (: sibi) multa ferenda (: patienda) prō-pōnant (: exspectent)

> quod iuvat exiguum, plūs est quod laedat amantēs,  515

> prōpōnant animō multa ferenda suō.

Athos -ī *m*, mōns Macedoniae quot leporēs *sunt* in Athō, quot ....... – tot sunt in amōre dolōrēs (*v.* 519) Hybla -ae *f*, regiō Siciliae unde venit mel optimum | Hyb-lā

> Quot leporēs in Athō, quot apēs pāscuntur in

> Hyblā,

caerula quot bācās  Palladis arbor habet,

lītore quot conchae – tot sunt in amōre dolōrēs;

520  quae patimur multō  spīcula felle madent.

bāca -ae *f*   concha -ae *f*

Dicta erit 'īsse forās' quam tū fortasse vidēbis:

īsse forās et tē  falsa vidēre putā!

Clausa tibī fuerit prōmissā iānua nocte:

perfer et immundā  pōnere corpus humō!

525 Forsitan et vultū mendāx ancilla superbō

dīcet "Quid nostrās  obsidet iste forēs?"

Postibus et dūrae supplex blandīre puellae

et capitī dēmptās  in fore pōne rosās!

Cum volet, accēdēs, cum tē vītābit, abībis:

530  dēdecet ingenuōs  taedia ferre suī.

............

533 Nec maledicta putā nec verbera ferre puellae

turpe nec ad tenerōs  ōscula ferre pedēs. –

[*Labor arduus poscitur*]

535 Quid moror in parvīs? animus māiōribus īnstat;

magna canō: tōtō  pectore, vulgus, ades!

---

caerul(e)us -a -um: color caelī/maris/ oleae; caerula arbor Palladis: *olea* quot bācās caerula Palladis arbor habet, quot conchae *sunt in* lītore – tot dolōrēs in amōre sunt

spīculum -ī *n* = sagitta; spīcula (*amō- ris*) quae patimur multō felle ma- dent | madēre = madidus esse fel fellis *n* = liquidum iecoris acer- bum (: venēnum -ī *n* = quod mor- bum vel mortem affert)

*sī* dicta erit '*iisse* forās' *ea* quam tū fortasse *intus* vidēbis, ...

putā (: crēde) *eam* iisse forās...!

*sī* iānua tibi clausa erit prōmissā nocte (: nocte quae tibi amantī prōmissa est) et *in* immundā humō perfer corpus pōnere!

mendāx -ācis *adi* = quī mentītur

ob-sidēre = se- dēre ante...

postis -is *m*

blandīrī +*dat* = blanditiīs suādēre; postibus (: foribus, ut aperiantur!)

dēmere +*dat:* rosās capitī (: dē ca- pite) dēmptās (rosās : rosārum co- rōnam, quā ōrnātur convīva)

cum *amīca* volet (ut accēdās) accēdēs : accēde! abībis : abī!

dē-decet (↔ decet) = indignum est taedia suī ferre = ferre (: sinere) *pu- ellam* suī taedēre | suī *gen* < sē

male-dictum -ī *n* < male dīcere nec maledicta nec verbera puellae ferre turpe putā nec ......... : nōlī putāre *tibi* turpe *esse* maledicta et verbera puellae ferre (: patī) – et ōscula ferre ad tenerōs pedēs!

arduus -a -um = difficilis

in parvīs : in parvīs rēbus īnstāre +*dat* = operam dare, studēre animus *meus* māiōribus īnstat

tōtō pectore (: animō) ades! : attentē audī! | vulgus! *voc*

ardua (: rēs arduās) mōlior, sed
nūlla virtūs *est* nisi ardua

nostrā (: meā) Arte

rīvālis -is *m* = alter vir cui eadem
est amīca
victōria tēcum stābit : vincēs

Arx Iovis, Capitōlium

> Ardua mōlīmur, sed nūlla – nisi ardua – virtūs;
>
> difficilis nostrā  poscitur Arte labor.
>
> Rīvālem patienter habē: victōria tēcum
>
> stābit, eris magnī  victor in Arce Iovis.　　540

............

in-nuere = capite mōtō signum dare
*sī* illa (*rīvālī*) innuet, ferās (: patiāris)!
*sī* (*epistulam eī*) scrībet, nē tange
(: nōlī tangere) tabellās!
unde volet *venīre, inde* veniat! quōque *eī* libēbit *īre, eō* eat!

haec marītī in lēgitimā uxōre prae-
stant (: lēgitimae uxōrī permittunt)

Somnus, deus; cum tū quoque, tener
(: placidē) Somne, ad partēs venīs
ad partēs venīre : partēs suās agere
: cum marītō placidum somnum dās
in hāc arte : in arte rīvālem patiendī
perfectus -a -um = optimus

monēre : docēre; monitī : discipulī
ipse minor (: minus doctus) sum mo-
nitīs meīs (*abl* : quam monitī meī)

palam *adv/prp+abl* ↔ clam; mē
palam = cōram mē; mē-ne palam
quisquam *meae* puellae signa det?
nec mē quō libet īra ferat : nec īrā
quō libet (ad quid-libet) ferar?

vir suus (meae amīcae) ōscula dederat; ōscula data *esse* questus sum

barbaria -ae *f* = mōs barbarus
ab-undāre +*abl* = nimis plēnus esse
*meus* amor barbariā abundat

nōn semel : saepius

conciliāre = amīcitiā coniungere,
amīcōs facere; doctior *est* ille quō
conciliante aliī virī veniunt

nescīsse = nescīvisse
sine *ut* fūrta *amīcae* tegantur (: cēlen-
tur) | fūrtum : amor fūrtīvus

nē pudor ab ōre fassō (: quod *fūrtum*
fassum est) victus fugiat (?)

parcere +*īnf* = dēsistere; parcite dēprēndere (: nōlīte dēprēndere) vestrās *amīcās!*

verba dare +*dat* = fallere; (facite)
putent *sē vōbīs* verba dedisse

> Innuet illa, ferās! scrībet, nē tange tabellās!　　543
>
> unde volet, veniat! quōque libēbit, eat!
>
> Haec in lēgitimā praestant uxōre marītī,　　545
>
> cum, tener, ad partēs  tū quoque, Somne, venīs.
>
> Hāc ego, cōnfiteor, nōn sum perfectus in arte.
>
> Quid faciam? monitīs  sum minor ipse meīs!
>
> Mēne palam nostrae det quisquam signa puellae
>
> et patiar nec mē  quō libet īra ferat?　　550
>
> Ōscula vir dederat, meminī, suus; ōscula questus
>
> sum data: barbariā  noster abundat amor.
>
> Nōn semel hoc vitium nocuit mihi; doctior ille
>
> quō veniunt aliī  conciliante virī.
>
> Sed melius nescīsse fuit: sine fūrta tegantur,　　555
>
> nē fugiat fassō  victus ab ōre pudor.
>
> Quō magis, ō iuvenēs, dēprēndere parcite vestrās;
>
> peccent – peccantēs  verba dedisse putent!

Crēscit amor prēnsīs: ubi pār fortūna duōrum est,

560 in causā damnī perstat uterque suī.

prēnsīs : iīs quī (dē)prehēnsī sunt
ubi *mala* fortūna pār est duōrum,
uterque perstat in causā damnī suī
(: in causā quae iīs dámnum dedit)
– *sīcut Mārs et Venus!*

[*Mārs et Venus dēprehēnsī dolīs Vulcānī*]

Fābula nārrātur tōtō nōtissima caelō:

Mulciberis captī Mārsque Venusque dolīs.

Mārs pater īnsānō Veneris turbātus amōre

dē duce terribilī factus amātor erat;

Vulcānus -ī *m*, deus fabrōrum
claudus, marītus Veneris

tōtō caelō (: omnibus diīs) nōtissima

Mulciber -eris *m*, Vulcānus
Mārs Venusque dolīs Mulciberis
captī

Mārs pater īnsānō amōre Veneris
turbātus | Mārs: pater *Rōmulī*

dux : dux bellī

565 nec Venus ōrantī (neque enim dea mollior ūlla est)

rūstica Grādīvō difficilisque fuit.

nec Venus Grādīvō ōrantī rūstica
(: invīta) difficilisque fuit
Grādīvus -ī *m* = Mārs

Ā, quotiēns lascīva pedēs rīsisse marītī

dīcitur et dūrās igne vel arte manūs!

quotiēns *Venus* lascīva pedēs marītī
rīsisse dīcitur! (Vulcānō claudō
pedēs prāvī erant)
: manūs quae igne vel arte *fabrī*
dūrae factae erant

Mārte palam simul est Vulcānum imitāta – decēbat,

570 multaque cum fōrmā grātia mixta fuit.

Mārte palam (: cōram Mārte) *Venus*
simul Vulcānum *claudum* imitāta
est (dērīdendī causā) – decēbat *eam!*
cum fōrmā (: pulchritūdine) multa
grātia (: grātus modus agendī)
mixta fuit

Sed bene concubitūs prīmō cēlāre solēbant:

plēna verēcundī culpa pudōris erat.

verēcundus -a -um = modestus, timi-
dus (ob pudōrem)

Indiciō Sōlis – quis Sōlem fallere potest? –

cognita Vulcānō coniugis ācta suae.

(Sōl omnia videt)

āctum -ī *n* = quod āctum est, factum
Vulcānō ācta coniugis suae cognita
*sunt* : Vulcānus ācta coniugis suae
cognōvit

575 (Quam mala, Sōl, exempla movēs! Pete mūnus ab

ipsā:

quam mala exempla movēs (: dās)!
pete mūnus (*amōris*) ab ipsā *Venere:*
sī taceās, habet quod *etiam* tibi dare
possit

et tibi, sī taceās, quod dare possit, habet.)

: Mulciber et circā et super lectum obscūrōs laqueōs dispōnit
laqueus -ī *m* = vinculum, rēte
lūmina (: oculōs) fallit opus : opus vidērī nōn potest (*obscūrum* est)

> Mulciber obscūrōs lectum circāque superque
>
> dispōnit laqueōs; lūmina fallit opus.

fingit iter (: sē īre) Lēmn*on* (*acc Gr*)
Lēmnos -ī *f*, īnsula Vulcānō sacra
foedus -eris *n* = quod inter duōs statuitur, locus et tempus statūtum uterque iac*et*

> Fingit iter Lēmnon. Veniunt ad foedus amantēs:
>
> implicitī laqueīs nūdus uterque iacent!   580

ille : Vulcānus
(Venus et Mārs) captī spectācul*um diīs* praebent
Venerem lacrimās vix continuisse putant = Venus lacrimās vix continuisse putātur

> Convocat ille deōs; praebent spectācula captī,
>
> vix lacrimās Venerem continuisse putant.

vultūs suōs *tegere* nōn possunt, nōn dēnique (: nē quidem) partibus obscēnīs op-*pōnere* manūs
partēs (corporis) obscēnae : partēs pudendae, *pudenda* (*n pl*)

> Nōn vultūs tēxisse suōs, nōn dēnique possunt
>
> partibus obscēnīs opposuisse manūs.

*deus* aliquis (Mercurius)
Māvors -rtis *m* = Mārs

> Hīc aliquis rīdēns "In mē, fortissime Māvors,   585
>
> sī tibi sunt onerī, vincula trānsfer!" ait.

onerī esse = gravis esse, molestus esse

captīvus -a -um = captus (ab hoste)
vix *tandem* (precibus tuīs, Neptūne) *Vulcānus* captīva corpora re-solvit
Thrācē -ēs *f* (*acc Gr* -ēn) = Thrācia
occupāre = (locum) suum facere, in suum locum īre
Paphos -ī *f* (*acc Gr* -on), urbs Cyprī Venerī sacra; Cyprus -ī *f*, īnsula
hōc tibi (: *ā tē*) perfectō, Vulcāne, *Mārs et Venus* līberius faciunt
quod ante tegēbant (: cēlābant)

> Vix precibus, Neptūne, tuīs captīva resolvit
>
> corpora; Mārs Thrācēn occupat, illa Paphon.
>
> Hōc tibi perfectō, Vulcāne, quod ante tegēbant,
>
> līberius faciunt, et pudor omnis abest.   590

'*tē* stultē fēcisse!' fatēris (: "stultē fēcī!")
paenitēre -uisse; paenitet +*acc/gen*:
ferunt (: dīcunt) 'tē paenit*ēre* artis tuae' (Vulcānus: "mē paenitet artis meae")
vetāre -uī -itum; hoc vōs vetitī este : vōbīs nōn licet hoc facere

Diōnē -ēs *f* = Venus (/dea, Veneris māter)

> Saepe tamen dēmēns 'stultē fēcisse!' fatēris,
>
> 'tē'que ferunt 'artis paenituisse tuae'.
>
> Hoc vetitī vōs este! vetat dēprēnsa Diōnē
>
> īnsidiās illās quās tulit ipsa dare.
>
> Nec vōs rīvālī laqueōs dispōnite nec vōs   595

ex-cipere : captāre
notāre = scrībere

> excipite arcānā verba notāta manū;

ista virī (: marītī) captent, sī iam *ea* captanda *esse* putābunt

> ista virī captent, sī iam captanda putābunt,

quōs faciet iūstōs ignis et unda virōs.

Ēn iterum testor: nīl hīc nisi lēge remissum

600 lūditur; in nostrīs īnstita nūlla iocīs.

(virī) quōs ignis et unda (: aqua) virōs iūstōs (: marītōs lēgitimōs) faciet
ignis et aqua novae nuptae datur
testārī = affirmāre
lēge remissum (: permissum) : lēgitimum (Caesaris Augustī lēx Iūlia dē adulteriīs adulterium vetuit)
lūdere : iocōsē dīcere
in nostrīs iocīs (: in meīs versibus iocōsīs) nūlla īnstita (: nupta) est

[ *'Mystēria' Veneris cēlanda sunt*]

Quis Cereris rītūs ausit vulgāre profānīs

magnaque Thrēiciā sacra reperta Samō?

Exigua est virtūs praestāre silentia rēbus;

at contrā gravis est culpa tacenda loquī.

mystēria -ōrum *n pl* = sacra arcāna
rītūs -ūs *m* = modus sacra faciendī
rītūs Cereris arcānī sunt: *mystēria*
ausit (*coni praes* < audēre) = audeat
vulgāre = vulgō nōtum facere
profānus -a -um = quī deōs nōn colit, quī sacra neglegit | sac-ra
Thrēicius -a -um < Thrēcē/Thrācia; Thrēicia Samos = Samothrāca -ae *f*, īnsula ubi mystēria Cybelēs reperiuntur (: fiunt): *in* Thrēiciā Samō
rēbus silentia praestāre = rēs silēre

tacenda *n pl* : silenda, arcāna; tacēre +*acc:* rem tacēre = dē rē tacēre
ō bene *accidit* quod...

605 Ō bene, quod frūstrā captātīs arbore pōmīs

garrulus in mediā Tantalus āret aquā!

Praecipuē Cytherēa iubet sua 'sacra' tacērī;

admoneō, veniat nē quis ad illa loquāx.

Tantalus -ī *m*, rēx Phrygiae; quia arcāna deōrum patefēcit, apud Īnferōs sitim et famem patitur in aquā stāns dum pōma frūstrā *ex* arbore captat
garrulus -a -um = quī nimis loquitur
ārēre = āridus esse, sitim patī
Veneris 'sacra/mystēria' : ācta amātōria | sac-ra

loquāx -ācis *adi* = garrulus; admoneō nē quis loquāx ad illa (sacra) veniat

Condita sī nōn sunt Veneris 'mystēria'

cistīs  cista -ae *f*

con-dere -didisse -ditum = dēpōnere
*etsī* Veneris 'mystēria' *in* cistīs condita nōn sunt nec cava aera (: cymbala) vēsānīs ictibus sonant, ...
vēsānus -a -um = furiōsus
ictus -ūs *m* < īcere
arcāna sacra in *cistīs* servantur et in rītū *cymbala* (cava aera) pulsantur

610 nec cava vēsānīs ictibus aera sonant,

at tamen inter nōs mediō versantur in ūsū,

sed sīc, inter nōs ut latuisse velint.

Ipsa Venus pūbem, quotiēns vēlāmina

pōnit,

prōtegitur laevā sēmireducta manū.

at tamen *Veneris 'mystēria'* inter nōs in mediō ūsū versantur

latuisse : latēre; inter nōs latēre : ab aliīs nōn vidērī

pūbēs -is *f* = pars vorporis pudenda
vēlāmen -inis *n* (< vēlāre) : vestis

prō-tegere = tegere, tuērī; pūbem prōtegitur : pūbem prōtegit
sēmi-reducta : quae partem corporis dīmidiam re-dūcit (pudīcē)

Venus

in mediō : palam
co-īre -eō -iisse: pecus co-it : marēs
cum fēminīs co-eunt (concubitū)

vultūs suōs : vultum suum

In mediō passimque coit pecus: hōc quoque vīsō    615

āvertit vultūs  saepe puella suōs.

thalamī et iānua (*clausa*) conveniunt
fūrtīs nostrīs (: ad fūrta nostra : ad
amōrēs nostrōs fūrtīvōs)
pars pudenda latet sub veste in-iectā

Conveniunt thalamī fūrtīs et iānua nostrīs

parsque sub iniectā  veste pudenda latet,

opācus -a -um = umbrōsus; quiddam
nūbis opācae : locum satis obscūrum
lūce patente minus = minus quam
lūx patēns (: clāra)

et, sī nōn tenebrās, at quiddam nūbis opācae

quaerimus atque aliquid  lūce patente minus.    620

tunc : antīquīs temporibus
cum sōlem et imbrem nōndum prohibēbat tēgula

Tunc quoque, cum sōlem nōndum prohibēbat et
                              imbrem

tēgula ━

tēgula -ae *f.*: tēctum
ē tēgulīs cōnstat
quercus -ūs *f*, arbor cuius frūgēs,
*glandēs*, hominēs prīscī edēbant

tēgula, sed quercus  tēcta cibumque dabat,

iūncta voluptās : iungēbantur amantēs

quercus

in nemore atque antrīs, nōn sub Iove, iūncta volup-
                              tās:

glāns
-andis *f*

tanta rudī populō  cūra pudōris erat.

āctīs titulōs (*glōriōsōs*) impōnere
: dē āctīs glōriārī

At nunc nocturnīs titulōs impōnimus āctīs,    625

magnō *pretiō* emitur
loquī : glōriārī

atque emitur magnō  nīl – nisi posse loquī!

ex-cutere : quaerere (ē numerō)
omnēs puellās, ubi quaeque *est*

Scīlicet excutiēs omnēs, ubi quaeque, puellās,

nostra (: mea) fuit

cuilibet ut dīcās "Haec quoque nostra fuit!"

............

parva (: dē parvīs rēbus) queror (*at
sequentur māiōra: ...*)
quīdam *facta* fingunt quae vēra *esse*
negārent (*sī facta essent*)
nūllī : cum nūllā | ferunt : dīcunt

Parva queror: fingunt quīdam quae vēra negārent    631

et 'nūllī nōn sē  concubuisse!' ferunt.

ne-quīre -eō -eunt = nōn posse
sī corpora *tangere* nequeunt, nōmina
quae possunt tangunt (: memorant)
fāma *fēminae* (: quod dīcitur dē fēminā),·nōn tāctō corpore (: etsī corpus tāctum nōn est), crīmen habet

Corpora sī nequeunt, quae possunt nōmina tangunt,

fāmaque, nōn tāctō  corpore, crīmen habet.

635 Ī nunc, claude forēs, cūstōs odiōse puellae,

et centum dūrīs postibus obde serās!

Quid tūtī superest, cum nōminis exstat adulter

et crēdī quod nōn contigit esse cupit?

Nōs etiam vērōs parcē profitēmur amōrēs,

640 tēctaque sunt solidā mystica fūrta fidē.

[*Vitia puellīs obicienda nōn sunt*]

Parcite praecipuē vitia exprobrāre puellīs

ūtile quae multīs dissimulāsse fuit.

Nec suus Andromedae color est obiectus ab illō

mōbilis in geminō cui pede pinna fuit;

645 omnibus Andromachē vīsa est spatiōsior aequō,

ūnus quī 'modicam' dīceret Hector erat.

Quod male fers, adsuēsce: ferēs bene: multa vetus-

tās

lēniet; incipiēns omnia sentit amor.

............

653 Eximit ipsa diēs omnēs ē corpore mendās,

quodque fuit vitium dēsinit esse morā.

---

cūstōs *voc*
odiōsus -a -um (<odium) ↔ cārus

ob-dere -didisse -ditum (+*dat*) = op-
pōnere (prohibendī causā); centum
serās obde dūrīs postibus!

quid tūtī superest? (: nihil...!)
ex-stāre = (ad)esse, reperīrī
cum exstat adulter nōminis (: nōmine
'adulter') et cupit crēdī *sē* esse quod
nōn *sibi* contigit *esse*

nōs : ego (et meī discipulī)
parcē *adv* (↔ largē) = modestē,
cautē
solidus -a -um = firmus, cōnstāns,
mysticus -a -um = arcānus; mystica
fūrta (: 'mystēria Veneris') tēcta
sunt solidā fidē (: quia mihi cōn-
fīdendum est)

vitia (menda) *corporis*
ob-icere -iō -iēcisse -iectum +*dat*:
vitium alicui ob-icere : ob vitium
aliquem reprehendere
parce/parcite +*īnf* = nōlī/nōlīte
ex-probāre = obicere
quae dissimulā*visse* multīs ūtile fuit
(= prōfuit)
Andromeda, uxor Perseī, fīlia rēgis
Aethiopiae, fuscō colōre fuit
nec Andromedae suus color obiectus
est ab illō (: Perseō) cui in geminō
(: utrōque) pede mōbilis pinna (: āla)
fuit: Perseus ālās gessit in pedibus

Andromachē -ēs *f*, uxor Hectoris
spatiōsus -a -um = amplus; spatiōsior
aequō = spatiōsior (corpore) quam
aequum erat, nimis spatiōsa
modicus -a -um = nec magnus nec
parvus, nōn nimis magnus; ūnus
quī '*eam* modicam *esse*' dīceret
male ferre ↔ bene ferre, probāre
ad-suēscere -ēvisse = cōnsuēscere,
solitum facere
vetustās -ātis *f* < vetus

lēnīre = lēnem facere, mollīre

ex-imere = dēmere
diēs *f* : tempus, spatium

dēsinit *vitium* esse
morā : ob moram/spatium

mala : menda (corporis)
'fusca' vocētur cui sanguis (: corpus)
*est* nigrior pice Illyricā  |  nig-ri-o|r
pix picis *f*, liquidum nigerrimum quō
 pingitur lignum servandī causā
Illyricus -a -um < Illyricum -ī *n*,
 terra ultrā mare Superum
paetus -a -um = cui dīversē spectant
 oculī (Venus paeta esse dīcitur)
rāvus -a -um = cui color oculōrum
 est inter nigrum et fulvum
quae male (: vix) vīva est maciē suā
 (: ob maciem suam)
habilis -e = facilis ad habendum
dīc 'habilem' quaecumque brevis *est*,
 quae turgida (: crassa) *est* 'plēnam'
 *dīc!*
oculī paetī

proximitās -ātis *f* < proximus; proximitāte bonī : bonō proximō

Nōminibus mollīre licet mala: 'fusca' vocētur   657

 nigrior Illyricā  cui pice sanguis erit;

sī paeta est, 'Venerī similis', sī rāva, 'Minervae',

 sit 'gracilis' maciē  quae male vīva suā est;   660

dīc 'habilem' quaecumque brevis, quae turgida

 'plēnam',

 et lateat vitium  proximitāte bonī.

---

cēnsor -ōris *m* = vir cuius *mūnus* est
 mōrēs cīvium īnspicere
mūnus -eris *n* = officium lēgitimum
quotus -a -um; quotus annus? : quī
 annus (prīmus/secundus/tertius...)?
quotus annus *eī* eat : quot annōs ha-
 beat | quō cōnsule : quō annō (nam
 quotannīs novī cōnsulēs eliguntur)
quae mūnera (*aetātem requīrendī*)
 rigidus (: sevērus) cēnsor habet
flōs *aetātis* : iuventūs
meliusque tempus perāctum *est*
albēns -entis *adi* = albus, cānus
legere = colligere, carpere

[*Nōlī aetātem amīcae requīrere – ut cēnsor!*]

Nec quotus annus eat nec quō sit nāta requīre

 cōnsule – quae rigidus  mūnera cēnsor habet –

praecipuē sī flōre caret meliusque perāctum   665

 tempus et albentēs  iam legit illa comās.

---

ūtilis (*ad amōrēs*) *est* aut haec aut
 sērior (: posterior) aetās

iste ager feret segetēs, iste serendus
 *est* ('ager' : fēmina mātūra)

Ūtilis, ō iuvenēs, aut haec aut sērior aetās:

 iste feret segetēs,  iste serendus ager.

............

---

prūdentia -ae *f* < prūdēns
illīs (*fēminīs mātūrīs*) est māior prūdentia operum : illae prūdentiōrēs
 sunt in operibus
et sōlus adest ūsus quī artificēs facit

Adde, quod est illīs operum prūdentia māior,   675

 sōlus et artificēs  quī facit ūsus adest.

munditiae : rēs quibus mundae fīunt
re-pendere = restituere; annōrum
 damna : quod annīs periit
cūrā *corporis*

Illae munditiīs annōrum damna rependunt

 et faciunt cūrā  nē videantur anūs!

........... [*Dē concubitū*]

[*Nāsō magister erat*]   serta

 myrtus -ī *f,* frutex
Venerī sacer

733 Fīnis adest operī: palmam date, grāta iuventūs!

palmam date *mihi!*

sertaque odōrātae myrtea ferte comae!

serta -ōrum *n pl* = catēna flōrum
ferte serta myrtea comae odōrātae
(: in comam *meam* odōrātam)
myrteus -a -um < myrtus

735 Quantus apud Danaōs Podalīrius arte medendī,

quantus *erat*........., tantus... (*v.* 738)
Danaī -ōrum *m pl* = Graecī
Podalīrius -ī *m,* medicus doctus

Aeacidēs dextrā, pectore Nestor erat,

*quantus* Aeacidēs dextrā (: pugnā),
Nestor pectore (: prūdentiā) erat

quantus erat Calchās extīs, Telamōnius armīs,

exta -ōrum *n pl* = viscera hostiae
Calchās -antis *m,* vātēs quī extīs īn-
spiciendīs futūra praedīcēbat
Telamōnius -ī *m* = Āiāx -ācis *m,* fīlius *Telamōnis,* dux Graecōrum

Automedōn currū, tantus amātor ego!

: tantus ego *sum arte amandī!*

Mē vātem celebrāte, virī, mihi dīcite laudēs!

celebrāre = celebrem (: omnibus
nōtum) facere

740 cantētur tōtō nōmen in orbe meum!

nōmen meum in tōtō orbe cantētur!

Arma dedī vōbīs – dederat Vulcānus Achillī:

Vulcānus Achillī *arma* dederat

vincite mūneribus vīcit ut ille datīs!

mūneribus datīs vincite ut ille vīcit!

Sed quīcumque meō superārit Amāzona ferrō

Amāzōn -onis *f (acc Gr* -a), fēmina
mīlitāns
quīcumque meō ferrō (: meīs armīs)
Amāzona superāverit

īnscrībat spoliīs: "Nāsŏ magister erat."

spolia -ōrum *n pl* = arma hostī victō
ērepta

745 Ecce rogant tenerae 'sibi dem praecepta' puellae:

praeceptum -ī *n* = quod praecipitur
tenerae puellae rogant *ut* sibi dem
praecepta (: "dā nōbīs praecepta!")

vōs eritis chartae proxima cūra meae.

charta : liber; vōs eritis cūra proxima
chartae meae : vōs cūrābō in librō
meō proximō (librō III)

## LIBER TERTIVS

Amāzon*as acc pl Gr* = Amāzon*ēs*

Arma dedī Danaīs in Amāzonas; arma supersunt

turma -ae *f* = equitum numerus
Penthesilēa -ae *f*, Amāzonum rēgīna

quae tibi dem et turmae, Penthesilēa, tuae.

parēs : pariter armātī
almus -a -um = benignus

favēre fāvisse fautum
puer quī *in* tōtō orbe volat : Amor

Īte in bella parēs — vincant quibus alma Diōnē

fāverit et tōtō  quī volat orbe puer.

nōn aequum (: inīquum) erat *fēminās*
nūdās (: inermēs) con-currere *virīs*
armātīs | con-currere + *dat* = pugnā
concurrere cum
sīc vincere etiam vōbīs turpe *est*

Nōn erat armātīs aequum concurrere nūdās,                5

sīc etiam vōbīs  vincere turpe, virī!

dīxerit *coni perf*: fortasse dīcet
vīrus -ī *n* (*acc* = *nōm*) = venēnum ex
ōre anguis ēmissum
rabidus -a -um = furēns, saevus
lupus -ī *m*, lupa -ae *f*

Dīxerit ē multīs aliquis: "Quid vīrus in anguēs

adicis et rabidae  trādis ovīle lupae?"

parcite (: nōlīte) crīmen paucārum
in omnēs dif-fundere
dif-fundere = passim fundere/spar-
gere

Parcite paucārum diffundere crīmen in omnēs;

meritum -ī *n* = factum laudandum
Atrīdēs -is m, fīlius Atreī; Atrīdēs
minor et māior: Menelāus et Aga-
memnōn (-onis) | At|rī-dēs (*bis*)
crīmine premere = accūsāre
sī Atrīdēs minor *crīmen* habet quō
Helenēn premat, Atrīdēsque māior
*crīmen habet* quō premat Helenēs
sorōrem (uxōrem suam *Clytaemēs-*
*tram* quae eum necandum cūrāvit)

spectētur meritīs  quaeque puella suīs.                10

Sī minor Atrīdēs Helenēn, Helenēsque sorōrem

quō premat Atrīdēs  crīmine māior habet,

............

lūstrum -ī *n* = spatium X annōrum
pia *uxor* est Pēnelopē virō duōbus
lūstrīs (: X annīs) errante et totidem
lūstrīs bella gerente : dum vir (U-
lixēs) ... errat et ... bella gerit
Ulixēs nōn habet crīmen quō Pēnelopēn premat!

est pia Pēnelopē lūstrīs errante duōbus                15

et totidem lūstrīs  bella gerente virō.

............

Saepe virī fallunt, tenerae nōn saepe puellae                31

fraus fraudis *f* = dolus
crīmen habēre = accūsārī

paucaque, sī quaerās,  crīmina fraudis habent:

Phāsida (*acc*) = Mēdēam | I|ā-sōn
in Aesoniōs sinūs : in sinūs Ae-
sonidae (Iāsonis)
altera nupta: *Creūsa*, nova uxor
Iāsonis Mēdēā dīmissā

Phāsida, iam mātrem, fallāx dīmīsit Iāsōn,

vēnit in Aesoniōs  altera nupta sinūs.

35 Quantum in tē, Thēseu, volucrēs Ariadna marīnās

    pāvit in ignōtō sōla relicta locō!

*quantum in tē est = tuā causā*
*marīnus -a -um < mare*

*pāscere pāvisse pāstum = alere*
*in ignōtō locō (: Naxī) relicta*

............

39 Et fāmam pietātis habet, tamen hospes et ēnsem

  *et fāmam pietātis habet Aenēās*

40   praebuit et causam mortis, Elissa, tuae!

  *Elissa = Dīdō*

    Quid vōs perdiderit dīcam: nescīstis amāre!

  *vōs: Mēdēam, Ariadnam, Dīdōnem,*
*et cēterās | nescīvistis*

    dēfuit ars vōbīs: arte perennat amor.

  *per-ennāre = (annōs) permanēre,*
*dūrāre*

    Nunc quoque nescīrent – sed mē Cytherēa docēre

  *amāre nescīrent (nisi ego eās docu-*
*issem)*

    iussit, et ante oculōs cōnstitit ipsa meōs.

45 Tum mihi "Quid miserae" dīxit "meruēre puellae?

  *meruērunt*

    Trāditur armātīs vulgus inerme virīs.

  *vulgus inerme : turba fēminarum*
*inermium*

    Illōs artificēs geminī fēcēre libellī;

  *illōs (: virōs) geminī libellī (I et II)*
*artificēs fēcērunt (: artem docu-*
*ērunt)*

    haec quoque pars monitīs ērudienda tuīs."

  *haec pars : fēminae*
*monita -ōrum n pl = quae monen-*
*tur, praecepta | ērudienda est*

............

[*Carpite flōrem!*]

57 Dum facit ingenium, petite hinc praecepta, puellae,

  *facere : agere, valēre*
*hinc : ā mē*

    quās pudor et lēgēs et sua iūra sinunt.

  *praecepta petere sinunt*

    Ventūrae memorēs iam nunc estōte senectae:

  *senecta -ae f = senectūs*

60   sīc nūllum vōbīs tempus abībit iners.

  *(tempus) in-ers : ōtiōsum*

    Dum licet et vērōs etiamnunc ēditis annōs,

  *ē-dere = nōtum facere; vērōs annōs*
*: vēram aetātem*

| | |
|---|---|
| mōre (: modō) fluentis aquae : sīcut fluēns aqua | lūdite: eunt annī  mōre fluentis aquae. |
| praeter-īre<br>hōra quae praeter-iit | Nec quae praeteriit iterum revocābitur hōra, |
| | nec quae praeteriit  hōra redīre potest. |
| citus -a -um = celer<br>(tempus) lābitur : praeterit | Ūtendum est aetāte: citō pede lābitur aetās,     65 |
| nec *aetās* tam bona sequitur quam (bona) prīma (: prior) fuit | nec bona tam sequitur  quam bona prīma fuit. |

............

| | |
|---|---|
| ex-clūdere (< ex + claudere) ↔ ad-mittere | Tempus erit quō tū, quae nunc exclūdis amantēs,     69 |
| dēsertā nocte iacēbis : nocte dēserta iacēbis | frīgida dēsertā  nocte iacēbis anus,     70 |
| rixa -ae *f* = iūrgium violentum, certāmen | nec tua frangētur nocturnā iānua rixā, |
| nec māne līm*en* ros*īs sparsum* in-veniēs | sparsa nec inveniēs  līmina māne rosā. |
| cit*ŏ adv* < citus -a -um<br>laxāre (↔ fīrmāre) = laxum facere | Quam citŏ – mē miserum! – laxantur corpora rūgīs |
| et perit color quī in nitidō ōre fuit | et perit in nitidō  quī fuit ōre color! |
| comaeque quās 'tibi ā virgine cānās fuisse' iūrās ("mihi ā virgine cānae comae fuērut!") | quāsque 'fuisse tibī cānās ā virgine' iūrās     75 |
| | sparguntur subitō  per caput omne comae! |
| ex-uere (↔ induere) : adimere: ex-uitur vetustās (: redditur iuventūs) | Anguibus exuitur tenuī cum pelle vetustās, |
| | nec faciunt cervōs  cornua iacta senēs; |
| | nostra sine auxiliō fugiunt bona: carpite flōrem! |
| carpere carpsisse carptum | quī, nisi carptus erit,  turpiter ipse cadet.     80 |
| partus -ūs *m* < parere<br>iuventa -ae *f* = iuventūs | Adde quod et partūs faciunt breviōra iuventae |
| continuus -a -um = sine morā<br>messis ≠is *f* < metere – messum<br>senēscere senuisse = senex fierī | tempora: continuā  messe senēscit ager. |

............

## [Cultus fēminārum]

101 Ōrdior ā cultū: cultīs bene Līber ab ūvīs

    prōvenit, et cultō stat seges alta solō.

    Fōrma deī mūnus; fōrmā quota quaeque superbit!

    Pars vestrum tālī mūnere magna caret.

105 Cūra dabit faciem; faciēs neglēcta perībit,

    Īdaliae similis sit licet illa deae.

    Corpora sī veterēs nōn sīc coluēre puellae,

    nec veterēs cultōs sīc habuēre virōs:

    sī fuit Andromachē tunicās indūta valentēs,

110    quid mīrum? Dūrī mīlitis uxor erat.

    Scīlicet Āiācī coniūnx ōrnāta venīrēs?

    cui tegimen septem terga fuēre boum!

    Simplicitās rudis ante fuit; nunc aurea Rōma est

    et domitī magnās possidet orbis opēs.

115 Aspice quae nunc sunt Capitōlia, quaeque fuērunt:

    'alterīus' dīcēs 'illa fuisse Iovis.'

    Cūria cōnsiliō nunc est dignissima tantō,

    dē stipulā Tatiō rēgna tenente fuit.

    Quae nunc sub Phoebō ducibusque Palātia fulgent

120    quid nisi arātūrīs pāscua būbus erant?

---

*Glosses (right column):*

cultus -ūs *m* (< colere) = cūra corporis/fōrmae

Līber (: vīnum) ab ūvīs bene cultīs prō-venit, et *in bene* cultō solō...

prō-venīre = orīrī

fōrma deī mūnus *est*
quota quaeque : quot, quam paucae
superbīre +*abl* = superbē glōriārī

magna pars vestrum (: fēminārum)

faciēs -ēī *f* = fōrma | neg‖lēc-ta
Īdalius -a -um < Īdalium -ī *n*, cīvitās
Cyprī, Venerī sacra
licet (: quamvīs) illa sit similis *faciēī*
deae Īdaliae (: Veneris)

sī veterēs puellae nōn sīc coluē*runt*
corpora

sīc cultōs virōs habuē*runt*

: tunic*īs* indūta valent*ibus*
valēns -entis *adi* = dūrus

dūrī mīlitis : Hectoris

Āiāx -ācis *m*, dux Graecus fortissimus
scīlicet ōrnāta venīrēs *ad* Āiācem
coniūnx (: sī ciniūnx eius essēs)?
bōs bovis, *pl* bovēs, boum, būbus
tegimen -inis *n* = quod tegit; clipeus
Āiācis VII tergīs (: pellibus) boum
tēctus erat | fuē*runt*

magnās opēs orbis domitī possidet

qu*od* nunc *est* Capitōlium, *quod*-que
*fuit;* Capitōlium : templum Iovis
Capitōlīnī

cōnsiliō tantō : senātū Rōmānō

stīpula -ae *f* = strāmentum
rēgnum tenēre = rēgnāre
Tatius (-ī *m*) cum Rōmulō rēgnāvit
Palāti*um* qu*od* nunc sub Phoebō ducibusque (: sub aede Apollinis et domibus prīncipum) fulg*et*
aedēs Apollinis in Palātiō sita est
(bōs) arātūrus : quī arātrum trahet

prīsca *n pl* : tempora prīsca

Prīsca iuvent aliōs, ego mē nunc dēnique nātum

grātulārī +*acc*+ *īnf* = dēlectārī
haec aetās mōribus meīs apta *est*

grātulor: haec aetās mōribus apta meīs,

(aurum) lentum : molle, grave
sub-dūcere +*dat* = sūrsum dūcere ē

nōn quia nunc terrae lentum subdūcitur aurum

concha (: margarīta) *ē* dīversō lītore
lēcta (: collēcta) venit

lēctaque dīversō lītore concha venit,

dē-crēscere ↔ crēscere
ef-fodere < ex + *fodere* -iō fōdisse
fossum = terram vertere *pālā*
caeruleus = caerulus
mōlēs -is *f* = ingēns  pāla -ae *f*
aedificium
cultus (urbānus) ↔ rūsticitās -ātis *f*
(< rūsticus)
super-stes -itis *adi* +*dat* = quī restat/
superest | avus -ī *m* = pater patris
illa rūsticitās prīscīs avīs superstes

nec quia dēcrēscunt effossō marmore montēs,                125

nec quia caeruleae mōle fugantur aquae,

sed quia cultus adest nec nostrōs mānsit in annōs

rūsticitās prīscīs illa superstes avīs.

---

ōrnātus -ūs *m* = modus ōrnandī

## [*Ōrnātus fēminārum*]

lapillus -ī *m* = parvus lapis : gemma

Vōs quoque nec cārīs aurēs onerāte lapillīs,

legere = colligere
dē-color -ōris *adi* = mūtātō colōre,
fuscus

quōs legit in viridī dēcolor Indus aquā.                130

īn-suere -suisse -sūtum < in + *suere*
(+*dat*) = fīlō fīgere; suere = vestēs
fīlīs iungere

nec prōdīte gravēs īnsūtō vestibus aurō:

per quās opēs (: per opēs. per quās)
nōs *virōs* petitis, saepe *nōs* fugātis

per quās nōs petitis, saepe fugātis opēs.

(capillī) sine lēge : sparsī, passī

Munditiīs capimur: nōn sint sine lēge capillī;

admōtae manūs fōrmam *capillīs*
dantque negantque

admōtae fōrmam dantque negantque manūs;

nec genus ōrnātūs ūnum est: quod quamque decēbit 135

nōdus
-ī *m*

ēligat et speculum cōnsulat ante suum.

longa faciēs probat discrīmina capitis pūrī (: mundī)

Longa probat faciēs capitis discrīmina pūrī:

Lāodamīa -ae *f*, virō suō ad Trōiam
occīsō ipsa mortem petīvit
ōra rotunda *in* summā fronte nōdum
exiguum sibi relinquī volunt (: faciēs rotunda ...... vult)

sīc erat ōrnātīs Lāodamīa comīs.

Exiguum summā nōdum sibi fronte relinquī

140 ut pateant aurēs, ōra rotunda volunt.

Alterĭus crīnēs umerō iactentur utrōque

– tālis es adsūmptā, Phoebe canōre, lyrā –

altera succīnctae religētur mōre Diānae,˙

ut solet, attonitās cum petit illa ferās.

145 Huic decet īnflātōs laxē iacuisse capillōs,

illa est adstrictīs impedienda comīs;

...........

149 Sed neque rāmōsā numerābis in īlice glandēs,

150 nec quot apēs Hyblā nec quot in Alpe ferae,

nec mihi tot positūs numerō comprēndere fās est:

adicit ōrnātūs proxima quaeque diēs.

Et neglēcta decet multās coma: saepe iacēre

hesternam crēdās – illa repexa modo est.

...........

157 Tālem tē Bacchus, Satyrīs clāmantibus "euhoe!",

sustulit in currūs, Cnōsi relicta, suōs.

Ō, quantum indulget vestrō nātūra decōrī,

160 quārum sunt multīs damna pianda modīs!

Nōs male dētegimur, raptīque aetāte capillī,

ut Boreā frondēs excutiente cadunt.

---

ut pateant (: appāreant) aurēs
ōs ōris *n, pl* ōra -um = faciēs, vultus

*in* utrōque umerō iactentur (: pandantur)

ad-sūmere = sūmere (ūtendum)
canōrus -a -um = canēns

suc-cīnctus -a -um = cuius vestīmenta cingulō colliguntur
altera (*comīs*) religētur mōre Dianae succīnctae, ut illa solet cum attonitās ferās petit

īn-flāre = āere implēre : pandere
iac*uisse* : iac*ēre*

im-pedīre = implicāre
adstrictus (< ad-stringere) ↔ laxus

rāmōsus -a -um < rāmus
īlex -icis *f* = quercus semper viridis

quot apēs *in* Hyblā *sint* nec quot ferae in Alp*ibus* | Hyb||lā

positus -ūs *m* = ratiō comās pōnendī
nec mihi fās est (: licet) tot positūs numerō comprēndere (: numerāre)

proxima quaeque diēs (*f*) = proximus (: novus) quisque diēs (*m*)

et neglēcta coma multās decet
neg||lēc-ta

hesternus -a -um = herī factus
re-pectere = iterum pectere

tālem : comīs neglēctīs
tē, *Ariadna*

Cnōsis -idis *f, voc* Gnōsi (: Ariadna)
in currum su*um*

indulgēre +*dat* = veniam dare, favēre
ō *fēminae*, quantum nātūra vestrō decōrī indulget, quārum damna (: vitia) multīs modīs pianda sunt!
piāre = pium/bonum facere

dē-tegere ↔ tegere; nōs *virī* male dētegimur (: capillōs āmittimus), raptīque *sunt* capillī aetāte
Boreās -ae *m* = Aquilō, ventus quī ā septentriōnibus flat

cānitiēs -ēī *f* = capillī cānī
īn-ficere -iō -fēcisse -fectum = tingere colōre (ex herbīs Germānīs)

color melior vērō (; quam vērus)

dēnsus -a -um ↔ tenuis; (fēmina)
dēnsa : cui sunt crīnēs dēnsī

aes aeris *n* : pecūnia; aere suōs efficit
: pretiō emit
rubor -ōris *m* < rubēre; nec rubor *eī*
est : nec rubet, nec eam pudet
*crīnēs* palam vēnīre vidēmus
virgineus -a -um < virgō
chorus -ī *m* = canentium caterva
ante oculōs Herculis : ante aedem
Herculis, in Circō, cum statuā Herculis et Mūsārum ('virgineī chorī')

Fēmina cānitiem Germānīs īnficit herbīs,

et melior vērō  quaeritur arte color,

fēmina prōcēdit dēnsissima crīnibus ēmptīs    165

prōque suīs aliōs  efficit aere suōs.

Nec rubor est ēmisse: palam vēnīre vidēmus

Herculis ante oculōs  virgineumque chorum.

### [Dē veste et colōribus]

segmentum -ī *n* = pars vestis sectum
(quae ōrnandī causā geritur)
segmenta, lāna *voc*
nec *tē*, lāna, quae dē Tyriō mūrice rubēs; mūrex Tyrius: purpura pretiōsa

prōd-īre -eō -iisse = prōvenīre, fierī
pretiō leviōre : vīliōrēs, minus cārī

quī furor est...! : quam furiōsum est...!
cēnsus -ūs *m* = opēs, pecūnia omnis

āeris : caelī (color : caeruleus); tum
cum āēr (: caelum) sine nūbibus *est*

pluvius -a -um < *pluvia* -ae *f* = imber;
aqua pluvia : imber

grūs

Quid dē veste loquar? Nec vōs, segmenta, requīrō

nec quae dē Tyriō  mūrice, lāna, rubēs.    170

Cum tot prōdierint pretiō leviōre colōrēs,

quis furor est cēnsūs corpore ferre suōs!

Āeris ecce color, tum cum sine nūbibus āēr

nec tepidus pluviās  concitat Auster aquās.

............

hic *color* (caeruleus/viridis): nōmen
ab undīs: *cūmatilis* -e (< *Gr cūma*
= unda)
ego crēdiderim (: crēdere velim)

ille *color* (fulvus/aureus) crocum
simulat (: imitātur)
rōscidus -a -um < *rōs* rōris *m.* = aqua
tenuis quā māne herbae operiuntur
dea rōscida : *Aurōra* -ae *f*
lūcifer -a -um = quī lūcem fert
hic *color* (viridis) Paphiās myrtōs
*imitātur;* Paphius -a -um < Paphos
amethystus -ī *f*, gemma pretiōsa
grūs -uis *f*, avis (cui color cānus est,
longa et tenuia crūra et collum)

Hic | undās imitātur, habet quoque nōmen ab undīs:    177

crēdiderim Nymphās  hāc ego veste tegī;

ille crocum simulat (croceō vēlātur amictū,

rōscida lūciferōs  cum dea iungit equōs),    180

hic Paphiās myrtōs, hic purpureās amethystōs

albentēsque rosās  Thrēiciamve gruem.

..............

185 Quot nova terra parit flōrēs, cum vēre tepentī

vītis agit gemmās pigraque fūgit hiems,

lāna tot aut plūrēs sūcōs bibit: ēlige certōs,

nam nōn conveniēns omnibus omnis erit.

..............

[*Cultus corporis*]

193 Quam paene admonuī 'nē trux caper īret in ālās!'

'nē've 'forent dūrīs aspera crūra pilīs!'

195 Sed nōn Caucaseā doceō dē rūpe puellās

quaeque bibant undās, Mȳse Caīce, tuās.

Quid sī praecipiam 'nē fuscet inertia dentēs

ōraque susceptā māne laventur aquā'?

Scītis et inductā candōrem quaerere crētā;

200 sanguine quae vērō nōn rubet, arte rubet.

Arte supercliī cōnfīnia nūda replētis

parvaque sincērās vēlat alūta genās.

Nec pudor est oculōs tenuī signāre favillā

vel prope tē nātō, lūcide Cydne, crocō.

205 Est mihi quō dīxī vestrae medicāmina fōrmae

parvus, sed cūrā grande libellus opus:

---

quot flōrēs ...... tot sūcōs (*v.* 187)
tepēns -entis *adi* = tepidus

pig-ra-que  gemma -ae *f*

(lāna) sūcōs bibit : sūcīs (colōribus) tingitur

asper -a -um ↔ lēvis -e
solum asperum    solum lēve

āla -ae *f*

ad-monēre = monēre
trux caper : odor foedus

forent = essent

Caucaseus -a -um < Caucasus -ī *m*, mōns Asiae longinquus; puellae dē rūpe Caucaseā : puellae barbarae
Mȳsus -a -um < Mȳsia, regiō Asiae
Caīcus -ī *m*, flūmen Mȳsiae

inertia -ae *f* < iners
nē inertia dentēs fuscet = nē inertiā dentēs fuscentur

susceptā : haustā

candor -ōris *m* = color candidus
crēta -ae *f* = māteria candida (ad īnficiendum)
(*puella*) quae sanguine vērō nōn rubet, arte (: rubrō colōre tīncta) rubet

supercilium -ī *n* = pilī super oculōs
cōnfīnium -ī *n* = fīnis, pars dīvidua
re-plēre -ēvisse -ētum = complēre

sincērus -a -um = pūrus, in-corruptus
alūta -ae *f* = parvum segmentum (ad mendum tegendum)

pudor est : pudet
favilla -ae *f* = cinis

lūcidus -a -um = lūcēns, clārus
Cydnus -ī *m*, flūmen Ciliciae, ubi nāscitur crocus

est mihi ... parvus libellus : fēcī parvum libellum: *Medicāmina faciēī*

parvus libellus, sed cūrā grande opus

hinc : ab hōc librō
praesidium -ī *n* = modus tuendī

hinc quoque praesidium laesae petitōte figūrae;

nōn iners est ars mea prō vestrīs rēbus

– nōn est prō vestrīs ars mea rēbus iners!

amātor tamen nōn dēpr*eh*endat pyxidas *in* mēnsā expositās

Nōn tamen expositās mēnsā dēprēndat amātor

pyxis -idis *f (acc pl Gr* -idas*)* = parva cista (quā continentur medicāmina)

pyxidas: ars faciem dissimulāta iuvat.     210

pēniculus
  -ī *m*

............

medullae -ārum *f pl* = ossis media pars mollis (medicāmen faciēī)
nec probem cōram *virō* medullās cervae mixtās sūm*ere* nec cōram *virō* dentēs dē-fric*āre*
(dē-)fricāre -uisse = tergēre *peniculō*

Nec cōram mixtās cervae sūmpsisse medullās,     215

nec cōram dentēs dēfricuisse probem.

dē-fōrmis -e (↔ fōrmōsus) = foedus
vīsū *sup II* < vidēre

Ista dabunt fōrmam, sed erunt dēfōrmia vīsū,

multa, *quae* turpia *sunt* dum fiunt, *cum* facta *sunt* placent

multaque dum fiunt turpia, facta placent.

signa quae nunc nōmen habent...
operōsus -a -um (< opus) = industrius
Myrōn -ōnis *m*, signōrum artifex
massa -ae *f* = mōlēs (marmoris/aeris)

Quae nunc nōmen habent operōsī signa Myrōnis

prīmō *adv* = prīmum
col-līdere -sisse -sum (< con + laedere) = percutere

pondus iners quondam dūraque massa fuit.     220

Ānulus ut fiat, prīmō collīditur aurum;

quās geritis vestēs sordida lāna fuit.

cum *signum* fieret

Cum fieret, lapis asper erat – nunc nōbile signum:

Venus *Anadyomenē:* ē marī exorta
ex-primere -pressisse -pressum < ex + premere; comās imbre exprimit : imbrem (aquam) ē comīs exprimit
(corpus) colere = ōrnāre | nōs *virī*

nūda Venus madidās exprimit imbre comās.

Tū quoque dum coleris, nōs tē dormīre putēmus:     225

aptius cōnspiciē*ris* ā summā manū
: post ultimam manum, postquam manū culta es
cūr mihi nōta ta est causa candōris in ōre tuō? (: crēta!)

aptius ā summā cōnspiciēre manū.

Cūr mihi nōta tuō causa est candōris in ōre?

rudis -e : nōn cultus/perfectus; quid prōdis (: cūr ostendis) rude opus?

Claude forem thalamī: quid rude prōdis opus?

decet (: oportet) virōs multa nescīre

Multa virōs nescīre decet; pars māxima rērum

of-fendere -disse -ēnsum = laedere (animum) | interiōra *n pl* : arcāna

offendat, sī nōn interiōra tegās.     230

Aurea quae splendent ōrnātō signa theātrō

    īnspice quam tenuis  brattea ligna tegat!

Sed neque ad illa licet populō, nisi facta, venīre,

    nec nisi summōtīs  fōrma paranda virīs.

235 At nōn pectendōs cōram praebēre capillōs,

    ut iaceant fūsī  per tua terga, vetō.

Illō praecipuē nē sīs mōrōsa cavētō

    tempore nec nexās  saepe resolve comās!

Tūta sit ōrnātrīx: ōdī quae sauciat ōra

240   unguibus et raptā  bracchia fīgit acū.

Dēvovet – et tangit – dominae caput illa, simulque

    plōrat in invīsās  sanguinolenta comās.

Quae male crīnīta est, cūstōdem in līmine pōnat

    ōrnēturque Bonae  semper in aede Deae.

245 Dictus eram subitō cuidam vēnisse puellae:

    turbida perversās  induit illa comās!

Hostibus ēveniat tam foedī causa pudōris

    inque nurūs Parthās  dēdecus illud eat!

Turpe pecus mutilum, turpis sine grāmine campus

250   et sine fronde frutex – et sine crīne caput!

---

aurea (: aurāta) signa quae splendent *in* ōrnātō theātrō

brattea -ae *f* = tenue aurum, color aureus

ad illa *signa*

sum-movēre = removēre
nec fōrma *fēminae* paranda *est* nisi summōtīs virīs

at nōn vetō capillōs pectendōs praebēre cōram *virō*

praecipuē illō tempore cavētō nē sīs mōrōsa
mōrōsus -a -um = difficilis (ad placendum)
re-solvere

ōrnātrīx -īcis *f* = ancilla quae ōrnat
ōdī illam quae ōs *ōrnātrīcis* unguibus sauciat et bracchia raptā acū fīgit
sauciāre (< saucius) = vulnerāre
fīgere = laedere scū impressā

dē-vovēre = Īnferīs vovēre
illa (: ōrnātrīx) dominae caput dēvovet – et tangit

in-vīsus -a -um = odiōsus (↔ dīlēctus)

crīnītus -a -um = quī crīnēs habet;
male crīnītus = vix crīnītus

Bona Dea, dea fēminārum, in cuius aedem virī nōn admittuntur

(subitō cuidam puellae) dictus eram vēnisse : dictum erat 'mē vēnisse'

turbida : turbāta
perversus -a -um = prāvus

causa tam foedī pudōris hostibus ēveniat!
nurus -ūs *f* = uxor fīliī; nurūs Parthās : barbarās hostēs
dē-decus -oris *n* = rēs indigna
turpe *est* ...
mutilus -a -um = sine cornibus
grāmen -inis *n* = herba

caput sine crīne
= caput *calvum*
calvus -a -um
↔ crīnītus

caput calvum

---

[*Vitia corporis*]

Semelē, Lēdē/Lēda, Eurōpa, fēminae
pulcherrimae, quās Iuppiter amāvit
(mātrēs Bacchī, Helenae, Mīnōis)
fretum : mare
Sidonis -idis (*voc* -oni) *f,* Eurōpa, ā
Iove in bovem mūtātō āvecta (patria: Sīdōn -ōnis *f,* urbs Phoenīcēs)
re-poscere

Nōn mihi vēnistis, Semelē Lēdēve, docendae,

perque fretum falsō, Sīdoni, vecta bove,

aut Helenē, quam nōn stultē, Menelāe, reposcis,

Trōicus -a -um = Trōiānus
raptor Trōicus: Paris

tū quoque nōn stultē, Trōice raptor, habēs.

Turba docenda venit pulchrae turpēsque puellae                255

dēterior -ius *comp* = pēior; dēteriōra
semper sunt plūra bonīs (: quam
bona)

– plūraque sunt semper dēteriōra bonīs.

Fōrmōsae nōn artis opem praeceptaque quaerunt;

potēns: ad virōs capiendōs

est illīs sua dōs, fōrma, sine arte potēns:

compositus -a -um ↔ turbidus
nāvita -ae *m* = nauta; cessat : quiēs-
cit
tumēre = tumidum (: turbidum) esse
ad-sidēre + *dat* = sedēre apud, ūtī

cum mare compositum est, sēcūrus nāvita cessat;

cum tumet, auxiliīs adsidet ille suīs.                265 (260)

rāra faciēs (: f. rārō) mendā caret
oc-culere -uisse -tum = occultāre

Rāra tamen mendā faciēs caret: occule mendās,

quā potes = quantum potes
ab-dere -didisse -ditum = cēlāre

quāque potes vitium corporis abde tuī.

videā*ris*

Sī brevis es, sedeās, nē stāns videāre sedēre,

quantulus -a -um = quam parvus
quantulus-cumque; inque tuō torō
iaceās quantula-cumque (: quamvīs parva sīs)
mēnsūra cubantis fierī : statuī quanta
(quam brevis) sīs cubāns

inque tuō iaceās quantulacumque torō;

hīc quoque, nē possit fierī mēnsūra cubantis,                265

in-iecta veste fac (*ut*) pedēs tibi
lateant

iniectā lateant fac tibi veste pedēs.

quae nimium gracilis *est*
vēlāmen plēnō fīlō : vestis crassō
fīlō factum

Quae nimium gracilis, plēnō vēlāmina fīlō

eat : pendeat

sūmat, et ex umerīs laxus amictus eat.

. . . . . . . . . . . .

alūta -ae *f* = calceus (ē pelle factus)

Pēs malus in niveā semper cēlētur alūtā                271

ārida nec vinclīs crūra resolve suīs.

Conveniunt tenuēs scapulīs analectrides altīs

angustum circā fascia pectus eat.

fascia -ae f

275 Exiguō signet gestū quodcumque loquētur

cui digitī pinguēs et scaber unguis erit.

Cui gravis ōris odor, numquam iēiūna loquātur

et semper spatiō distat ab ōre virī.

Sī niger aut ingēns aut nōn erit ōrdine nātus

280 dēns tibi, rīdendō māxima damna ferēs.

nec ārida (: tenuia) crūra ē vinclīs suīs resolve
scapulae -ārum f pl = summum tergum, umerī
analectris -idis f = segmentum ad scapulās; tenuēs analectridēs scapulīs altīs conveniunt
circā angustum (: parvum) pectus fascia eat

gestus -ūs m = modus manūs movendī (ut signētur aliquid)

pinguis -e = crassus
scaber -bra -brum = asper, turpis

ea cui gravis (: foedus) est...
iēiūnus -a -um = quī nihil ēdit

di-stāre = procul stāre, abesse

sī dēns tibi niger aut ingēns erit
ōrdine nātus : rēctē positus

dēns : dentēs

[Rīsus atque flētus]

—lacūna -ae f

Quis crēdat? discunt etiam rīdēre puellae,

quaeritur atque illīs hāc quoque parte decor:

sint modicī rictūs parvaeque utrimque lacūnae,

et summōs dentēs īma labella tegant;

asella -ae f = asina (asinus fēmina)

atque ab illīs quaeritur decor hāc quoque parte (: in rīdendō)

rictus -ūs m = ōs apertum
utrim-que adv = ex utrāque parte

285 nec sua perpetuō contendant īlia rīsū,

sed leve nescioquid fēmineumque sonet.

contendant : contrahant
īlia -ium n pl = latus corporis īnferior, venter īnfimus

nescio-quid = aliquid

Est quae perversō distorqueat ōra cachinnō;

cum rīsū laeta est altera, flēre putēs;

illa sonat raucum quiddam atque inamābile: rīdet

290 ut rudit ā scabrā turpis asella molā!

est puella quae
dis-torquēre = foedē torquēre
ōra : ōs

eam flēre putēs

raucus -a -um = (sonus) asper
in-amābilis -e (↔ amābilis) = turpis
rudere -īvisse = raucum sonum ēdere
mola -ae f: īnstrūmentum rotundum quō vertendō sēmen molitur:
molere -uisse -itum | scab|rā

mola

81

*puellae* discunt lacrimāre decenter
decēns -entis *adi* (*part* < decēre):
*adv* decenter = cum decōre

plōrant quō tempore quō-que modō
volunt

fraudāre +*abl* = fraude dēmere ē
lēgitima vōx ; rēctus sermō

blaesus -a -um = prāvē loquēns
lingua coācta blaesa fit (: lingua cō-
gitur prāvē loquī) iussō sonō

(verba) reddere : dīcere

minus *bene* quam potuēr*unt*

omnibus hīs : omnibus hīs *rēbus*
im-pendere = ūtī; cūram impendere
+*dat* = cūram pōnere, operam dare

gradū : gradibus

incessus -ūs *m* = modus incēdendī
contemptus -a -um (*part* < contem-
nere) = contemnendus

Quō nōn ars penetrat? Discunt lacrimāre decenter

  quōque volunt plōrant  tempore quōque modō.

Quid, cum lēgitimā fraudātur littera vōce

  blaesaque fit iussō  lingua coācta sonō?

In vitiō decor est: quaedam male reddere verba    295

  discunt: posse minus  quam potuēre loquī.

Omnibus hīs, quoniam prōsunt, impendite cūram!

  Discite fēmineō  corpora ferre gradū:

est et in incessū pars nōn contempta decōris;

  allicit ignōtōs  ille fugatque virōs.    300

...........

## [*Cantus*]

Sīrēn -ēnis *f, pl Gr* -ēnes: II virginēs
quae cantū nautās ad īnsulam suam
alliciēbant ut eōs necārent

quam-libet admissās : tam admissās
(: celerēs) quam libet (etiam celerri-
mās) | dētinuēr*unt* | ratēs: nāvēs
Sīsyphidēs -is, Sīsyphī filius: Ulixēs;
hīs audītīs Sīsyphidēs su*um* corpu*s*
paene resolvit (nam vīnctus erat. et
aurēs sociōrum cērā opertae erant)
*linere* lēvisse litum = operīre māteriā
mollī/liquidā; in-linere +*dat*

canor -ōris *m* = cantus

lēna -ae *f* = fēmina quae virīs puellās
amandās vēndit
: multae vōce suā virōs sllēxērunt

audīta (: uae audīvērunt) *in* marmoreīs theātrīs referant (: cantent)

Nīliacus -a -um < Nīlus (: Aegyptius)
(carmen) lūdere = leviter canere

plectrum -ī *n*, quō chordae pulsantur
nec nesciat (: et sciat) fēmina... plectrum dextrā, citharam sinistrā ten*ēre*

Mōnstra maris Sīrēnes erant, quae vōce canōrā    311

  quamlibet admissās  dētinuēre ratēs.

Hīs sua Sīsyphidēs audītīs paene resolvit

  corpora – nam sociīs  inlita cēra fuit.

Rēs est blanda canor: discant cantāre puellae    315

  – prō faciē multīs  vōx sua lēna fuit.

Et modo marmoreīs referant audīta theātrīs

  et modo Nīliacīs  carmina lūsa modīs.

nec plectrum dextrā, citharam tenuisse sinistrā

nesciat arbitriō  fēmina docta meō.

............

plectrum

329 Sit tibi Callimachī, sit Cōī nōta poētae,

330   sit quoque vīnōsī  Tēia Mūsa senis;

nōta sit et Sapphō – quid enim lascīvius illā? –

cuive pater vafrī  lūditur arte Getae.

Et tenerī possīs carmen lēgisse Propertī,

sīve aliquid Gallī,  sīve, Tibulle, tuum,

............

337 et profugum Aenēān, altae prīmordia Rōmae,

quō nūllum Latiō  clārius exstat opus.

Forsitan et nostrum nōmen miscēbitur istīs

340   nec mea Lēthaeīs  scrīpta dabuntur aquīs,

atque aliquis dīcet: "Nostrī lege culta magistrī

carmina quīs partēs  īnstruit ille duās,

dēve tribus librīs titulō quōs signat *Amōrum*

ēlige quod docilī  molliter ōre legās,

345 vel tibi compositā cantētur *Epistula* vōce;

ignōtum hoc |aliīs  ille novāvit opus."

Ō |ita, Phoebe, velīs, ita vōs, pia nūmina vātum,

īnsignis cornū ·Bacche, novemque deae!

---

arbitrium -ī *n* = quod aliquis artitrā-
tur, voluntās: fēmina meō arbitriō
docta
Mūsa poētae : carmina, versūs
Callimachus -ī, *Philētās* -ae (Cōus).
*Anacreōn* -ontis (Tēius) *m*, poētae
sit tibi nōta *Mūsa* Callimachī *et* Cōī
poētae (Philētae), *nōta* sit quoque
Tēia Mūsa vīnōsī senis (Anacreon-
tis) | Tēius -a -um < Teos -ī *f*, cīvitās
Asiae, patria Anacreontis | Te-i-a
vīnōsus -a -um = quī vīnō fruitur
Sapphō -ūs *f*, poēta fēmina ē Lesbō

vafer -fra -frum = callidus  | vaf|rī
cui-ve (: vel ille cui) pater arte vafrī
Getae ēlūditur: *Menander* -drī *m*,
poēta, in cuius *cōmoediīs* patrem
senem ēlūdit servus Geta (-ae *m*)
tenerī Propert*ī* carmen leg*ere* possīs
tener : poēta elegōrum (dē amōre)
Gallus -ī *m*, poēta Rōmānus elegōrum (ut Tibullus)

profugum Aenēān (*acc Gr*) ... : opus
dē Aenēā profugō, dē altae Rōmae
prīmōrdiīs : *Aenēidem* Vergiliī
prīmōrdium -ī *n* = orīgen
ex-stāre = esse, reperīrī; quō nūllum
clārius opus exstat *in* Latiō = quod
opus Latiī (: Latīnum) clārissimum
est

Lēthaeus -a um < Lēthē -ēs *f*, fluvius
apud Īnferōs; quī inde bibit omnia
oblīvīscitur
scrīptum -ī *n* = opus scrīptum

qu*īs* = qu*ibus abl pl*
partēs duās : virōs et fēminās
īn-struere = docēre

dē-ve = vel dē  | lib|rīs
quōs titulō *Amōrum* signat : quibus
titulum dat *Amōrēs*

ēlige quod docilī ōre molliter legās

tibi : ā tē
compositus -a -um = placidus
*Epistula*. ex *Hērōidibus*

hoc opus aliīs ignōtum (: ab aliīs nōn
factum) ille novāvit
ita (: ut carmina legantur)
ita vōs *velītis*, pia nūmina vātum
(: diī poētārum)
īn-signis -e + *abl* = signātus (rē); īnsignis cornū : cui cornū signum est
novem deae = Mūsae

| Glosses | Text |
|---|---|

saltātiō -ōnis *f* < saltāre
lūsus -ūs *m* < lūdere (āleā)

quis dubitet ...? = nēmō dubitat ...!

ut, *appositō merō*, moveat bracchia iussa (: ut iubentur)

artifex (*f*) lateris : quae saltāns latera arte movet

mōbilitās -ātis *f* < mōbilis; illa mōbilitās tantum decōris habet

*mē* pudet
iactus -ūs *m* < iacere
dīcere ut sciat iactūs tālōrum et vīrēs tuās, tessera missa (*voc*)

facessere -īvisse -ītum = facere
iocōs : lūsūs

*āleā* lūdere

mōrēs (: animōs) suōs compōnere (: compescere)

in ipsō studiō (: lūsū studiōsō) aperīmur (: apertē/palam vidēmur)

pectora : animī

luc|crī-que

et quisque sibi invocat deōs īrātōs

Iuppiter tam turpia crīmina pellat ā vōbīs in quibus cūra est ūllī virō -placēre

[*Saltātiō, lūsus, loca vīsenda*]

Quis dubitet quīn scīre velim saltāre puellam,

  ut moveat positō bracchia iussa merō?   350

Artificēs lateris, scaenae spectācula, amantur:

  tantum mōbilitās illa decōris habet. –

Parva monēre pudet: tālōrum dīcere iactūs

  ut sciat, et vīrēs, tessera missa, tuās.

............

Mīlle facesse iocōs; turpe est nescīre puellam   367

  lūdere: lūdendō saepe parātur amor.

Sed minimus labor est sapienter iactibus ūtī,

  māius opus mōrēs composuisse suōs.   370

Tum sumus incautī studiōque aperīmur in ipsō

  nūdaque per lūsūs pectora nostra patent:

īra subit – dēfōrme malum! – lucrīque cupīdō

  iūrgiaque et rixae sollicitusque dolor;

crīmina dīcuntur, resonat clāmōribus aethēr,   375

  invocat īrātōs et sibi quisque deōs!

............

Iuppiter ā vōbīs tam turpia crīmina pellat,   379

  in quibus est ūllī cūra placēre virō!

Hōs ignāva iocōs tribuit nātūra puellīs

– māteriā lūdunt  ūberiōre virī:

sunt illīs celerēsque pilae iaculumque trochīque

armaque et in gȳrōs  īre coāctus equus;

385 nec vōs Campus habet nec vōs gelidissima Virgō

nec Tūscus placidā  dēvehit amnis aquā.

At licet et prōdest Pompēiās īre per umbrās,

Virginis aetheriīs  cum caput ārdet equīs.

Vīsite laurigerō sacrāta Palātia Phoebō

390 – ille Paraetoniās  mersit in alta ratēs –

quaeque soror coniūnxque ducis monimenta

parārunt

nāvālīque gener  cīnctus honōre caput.

Vīsite tūricremās vaccae Memphītidos ārās,

vīsite cōnspicuīs  terna theātra locīs;

395 spectentur tepidō maculōsae sanguine harēnae

mētaque ferventī  circumeunda rotā.

Quod latet ignōtum est, ignōtī nūlla cupīdō:

frūctus abest, faciēs  cum bona teste caret.

Tū licet et Thamyrān superēs et Amoebea cantū,

400 nōn erit ignōtae  grātia magna lyrae.

ignāvus -a -um = iners; hōs iocōs
(: lūsūs) ignāva nātūra puellīs tribuit
tribuere -uisse -ūtum = praebēre

ūber -eris adi = fertilis, ūtilis; virī
māteriā ūberiōre lūdunt

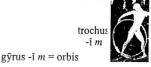

trochus
-ī m

gȳrus -ī m = orbis

vōs puellās | gelidus -a -um = frīgidus
(aqua) Virgō -inis f, aquae ductus ab
Agrippā perfectus annō 19 a.C.
Tūscus amnis: Tiberis
dē-vehere: nec vōs natantēs dēvehit

vōbīs licet et prōdest īre per umbrās
Pompēiās (: porticum Pompēiam)
Virgō, sīdus, in cuius capite Sōl cum
equīs suīs stat mēnse Augustō: cum
caput Virginis aetheriīs equīs ārdet
lauriger -era -erus = laurum gerēns
vīsite Palātium sacrātum Phoebō lau-
rigerō (: aede Apollinis) | sac|rā-ta
Paraetonius -a -um (< Paraetonium,
cīvitās Aegyptī) : Aegyptius
Apollō ad Actium nāvēs Antōniī ex
Aegyptō venientēs mersisse dīcitur
monumenta quae soror coniūnxque
(Octāvia et Līvia) ducis (Augustī)
parāvērunt: porticūs Octāviae et
Līviae (et M. Agrippae?)

gener -erī m = marītus fīliae; gener
Augustī: M. Agrippa; cīnctus caput
(: in capite) nāvālī honōre (corōnā)
tūri-cremus -a -um = tūs cremāns
Memphītis -idos adi f < Memphis -is
f, urbs Aegyptī; vacca Memphītis:
Īsis -idis f, dea Aegyptia (= Īō)
cōnspicuus -a -um = cōnspiciendus
terna (tria) theātra: theātrum Pompēiī, Mārcellī, Balbī (in Campō)
maculōsus -a -um = sordidus factus
spectentur (in amphitheātrō) harēnae
sanguine tepidō maculōsae, (in circō) mēta circumeunda ferventī rotā
fervēns -entis adi (part < fervēre)
= ārdēns : rapidus
ignōtī (: reī ignōtae) nūlla est cupīdō

frūctus -ūs m (< fruī) = frūgēs, praemium; frūctus abest cum bona
faciēs teste caret

tū licet superēs = etiam sī tū superās
Thamyrās -ae, Amoebeus -ī m (acc
Gr -ān, -a) m, fidicinēs ēgregiī

ignōtae lyrae nōn magna grātia erit

Apellēs -is *m*, pictor Cōus illūstris;
*pictor* -ōris *m* = artifex quī pingit
Venerem *pictam*

hedera
-ae *f*

quid nisi tantum fāma petitur *ā* sacrīs
poētīs? | sac|rīs

summa -ae *f* ↔ pars; summa nostrī
labōris = tōtus noster labor

ōlim poētae fuĕrunt cūra de*ō*r*u*m
rēgumque

chorīque antīquī magna praemia
tulēr*unt*

sānctus -a -um = sacer, dīvīnus
māiestās -ātis *f* (< māior) = *dignitās*
et vātibus (: poētīs) erat sāncta māiestās et venerābile nōmen
venerābilis -e = augustus
Ennius -ī *m*, nātus annō 239 a.C. in
Calabriā: *adi* Calaber -bra -brum
Ennius ē-meruit (= meruit) contiguus
tib*i*, magne Scīpi*ō*, pōnī (statua En-
niī iūxtā Scīpiōnis posita est)
contiguus -a -um + *dat* = cintingēns
Scīpi*ō* -ōnis *m*, dux Rōmānōrum quī
Poenōs vīcit (annō 201 a.C.)
hedera (corōna poētae) : ars poētica
operātus -a -um + *dat* = studiōsus,
operam dāns
cūra vigil doctīs Mūsīs operāta : labor poētārum nocturnus

vigilāre + *dat* = vigil (sēdulus) esse
dē | nōsset = nō*v*isset

*Īlias* -adis *f*, magnum opus Homērī
dē bellō Trōiānō
Danaē -ēs (*acc Gr* -ēn) *f*, ā patre suō
in turrim inclūsa, effūgit
clūdere -sisse -sum = claudere, in-
clūdere
per-latēre = semper latēre, latēre
pergere

turba ūtilis est vōbīs, fōrmōsae
puellae!

vagus -a -um = errāns

tendere = properāre
praedārī = praedam capere

āles Iovis (: aquila) in multās avēs
dē-volat
speciōsus -a -um = speciē fōrmōsus
mulier quŏque speciōsa populō sē
videndam det

---

Sī Venerem Cōus nusquam posuisset Apellēs

  mersa sub aequoreīs illa latēret aquīs.

– Quid petitur sacrīs nisi tantum fāma poētīs?

  Hoc vōtum nostrī summa labōris habet.

Cūra deum fuĕrunt ōlim rēgumque poētae     405

  praemiaque antīquī magna tulēre chorī,

sānctaque māiestās et erat venerābile nōmen

  vātibus, et largae saepe dabantur opēs:

Ennius ēmeruit, Calabrīs in montibus ortus,

  contiguus pōnī, Scīpiŏ magne, tibī;     410

nunc hederae sine honōre iacent, operātaque doctīs

  cūra vigil Mūsīs nōmen 'inertis' habet.

Sed fāmae vigilāre iuvat: quis nōsset Homērum

  *Īlias* aeternum sī latuisset opus?

Quis Danaēn nōsset, sī semper clūsa fuisset     415

  inque suā turrī perlatuisset anus? –

Ūtilis est vōbīs, fōrmōsae, turba, puellae;

  saepe vagōs ultrā līmina ferte pedēs.

Ad multās lupa tendit ovēs praedētur ut ūnam,

  et Iovis in multās dēvolat āles avēs.     420

Sē quoque det populō mulier speciōsa videndam,

quem trahat ē multīs  forsitan ūnus erit.

> ē multīs forsitan erit ūnus *vir* quem trahat

Omnibus illa locīs maneat studiōsa placendī

> studiōsa *virīs* placendī

et cūram tōtā  mente decōris agat.

> cūram decōris agere : decōrem cūrāre

425 Cāsus ubīque valet: semper tibi pendeat hāmus;

> cāsus : quod cāsū/forte fit

quō minimē crēdis  gurgite piscis erit.

> gurges -itis *m* = aqua turbida
> *in* quō gurgite minimē crēdis piscis erit

Saepe canēs frūstrā nemorōsīs montibus errant,

> *in* nemorōsīs montibus

inque plagam nūllō  cervus agente venit.

> cervusque in plagam venit nūllō agente

............

431 Fūnere saepe virī vir quaeritur: īre solūtīs

> fūnere virī (: dum vir mortuus effertur)

crīnibus et flētūs  nōn tenuisse decet.

> et flētūs (: lacrimās) nōn ten*ēre* *viduam* decet

## [*Virī vītandī*]

Sed vītāte virōs cultum fōrmamque professōs

> pro-fitērī -fessum = dēmōnstrāre

quīque suās pōnunt  in statiōne comās!

> statiō -ōnis *f* < stāre; (comās) in statiōne pōnere : ōrnāre ita ut  ōrdine stent

435 Quae vōbīs dīcunt, dīxērunt mīlle puellīs:

errat et in nūllā  sēde morātur Amor.

............

441 Sunt quī mendācī speciē grassentur amōris

> mendāx -ācis *adi* : falsus
> grassārī = gradī (praedam quaerēns)

perque aditūs tālēs  lucra pudenda petant.

> luc-ra

Nec coma vōs fallat liquidō nitidissima nardō

> nardum -ī *n* = *oleum* olēns magnī pretiī; oleum -ī *n* = liquidum ex oleīs

nec brevis in rūgās  lingula pressa suās,

> lingula -ae *f* = 'lingua' calceī

*vōs* dēcipiat
fīlō tenuissimā : ex fīlō tenuissimō

ānulus alter et alter : complūrēs
ānulī

ūrātur : incendātur

spoliāre (↔ vestīre) = vestem dē-
mere/ēripere

boāre = magnā vōce clāmāre

templīs : templō Veneris Genetrīcis
radiāre (< radius) = splendēre
hās lītēs, Venus. ē templō multō aurō
radiant*e* lenta vidēs Appiadēsque
tuae *vident* | lenta : nihil agēns
Appias -adis *f*, Nympha (aquae Ap-
piae), statua in Forō Iūliō
quaedam mala nōmina nōn dubiā
fāmā (ut Thēseus...)

multī crīmen amantis dēceptae habent; crīmen habēre = accūsārī

discite ab alterīus querēllīs vestrās
*querēllās* timēre (: timēre nē ipsae
habeātis quod querāminī)

abiēs
-etis *f*

vadum temptāre : trānsīre temptāre
abiegnus -a -um (< *abiēs*) = ē lignō
abietis factus; *in* abiegnīs tabellīs

notās : litterās

colligere : cēnsēre

*utrum* fingat an ex animō ... roget?

sī modo exiguum tempus habet : sī
modo exiguī temporis est

---

nec toga dēcipiat fīlō tenuissima, nec sī      445

     ānulus in digitīs  alter et alter erit:

forsitan ex hōrum numerō cultissimus ille

     fūr sit et ūrātur  vestis amōre tuae!

"Redde meum!" clāmant spoliātae saepe puellae,

     "redde meum!" tōtō  vōce boante forō.      450

Hās, Venus,  ē templīs multō radiantibus aurō

     lenta vidēs lītēs  Appiadēsque tuae;

sunt quoque nōn dubiā quaedam mala nōmina fāmā:

     dēceptae multī  crīmen amantis habent!

Discite ab alterīus vestrās timuisse querēllīs,      455

     iānua fallācī  nē sit aperta virō!

..........

## [*Epistulae*]

Verba vadum temptent abiegnīs scrīpta tabellīs,      469

     accipiat missās  apta ministra notās.      470

Īnspice! quodque legēs, ex ipsīs collige verbīs,

     fingat an ex animō  sollicitusque roget;

Postque brevem rescribe moram: mora semper

                amantēs

     incitat, exiguum  sī modo tempus habet.

475 Sed neque tē facilem iuvenī prōmitte rogantī

nec tamen ē dūrō quod petat ille negā!

ē dūrō : dūrō modō

Fac timeat spēretque simul, quotiēnsque remittēs,

*epistulam* re-mittēs

spēsque magis veniat certa minorque metus.

magis certa : certior

Munda sed ē mediō cōnsuētaque verba, puellae,

(verba) munda : decentia, urbāna
ē mediō : ē sermōne commūnī
cōnsuētus -a -um (*part* < cōnsuēs-
ere) = solitus

480 scrībite: sermōnis pūblica fōrma placet.

‹sermōnis pūblica fōrma = sernō
populī

Ā! quotiēns dubius scrīptīs exārsit amātor

ex-ārdēscere -ārsisse = incendī

et nocuit fōrmae barbara lingua bonae!

barbara lingua fōrmae bonae nocuit

Sed quoniam, quamvīs vittae careātis honōre,

vittae honōre careātis : mātrōnae
nōn sītis
quoniam ... vōbīs cūra est virōs
vestrōs fallere

est vōbīs vestrōs fallere cūra virōs,

485 ancillae puerīque manū perarāte tabellās,

‹per-arāre = īnscrībere

pignora nec puerō crēdite vestra novō!

pignora : vōta
nec puerō novō pignora vestra crēdite!

............

491 Iūdice mē fraus est concessa repellere fraudem,

iūdice mē : ut ego iūdicō
concessus = permissus, lēgitimus
re-pelleere reppulisse re-pulsum

armaque in armātōs sūmere iūra sinunt.

‹sinunt = permittunt

Dūcere cōnsuēscat multās manus ūna figūrās

cōn-suēscere = mōrem sibi facere
'ūna manus cōnsuēscat multās figūrās
dūcere (: multīs modīs scrībere)

– ā! pereant per quōs ista monenda mihī!

pereant *iī* per quōs ista mih*i* monenda *sunt!*

495 Nec nisi dēlētīs tūtum rescrībere cērīs,

nec tūtum *est* re-scrībere nisi cērīs
dēlētīs

nē teneat geminās ūna tabella manūs.

geminās (: duās) manūs : litterās du-
ābus manibus scrīptās

'Fēmina' dīcātur scrībentī semper amātor:

scrībentī : ā puellā scrībentī

'illa' sit in vestrīs quī fuit 'ille' notīs!

*is* quī fuit 'ille' in vestrīs notīs (: litterīs) sit 'illa'!

sinus
ūs *m*

vēlum passum

sinus -ūs *m* = fōrma curvāta
plēnaque vēla pandere curvātō sinū
per-tinēre ad = afficere, agī dē

pertinet ad faciem = agitur dē faciē
(: fōrmā, pulchritūdine)

candidus -a -um : placidus
candida pāx hominēs *decet*, trux īra
decet ferās

nigrēscere = niger fierī | <u>nig</u>|rēs-cunt
Gorgoneus -a -um < Gorgō -onis *f*,
mōnstrum quod spectantēs in lapi-
dēs mūtābat; lūmina (: oculī) saevius igne Gorgoneō micant

tantī = tantī pretiī
Pallas tībiam suam novam abiēcit ut
canēns vultum suum prāvum vīdit
in amnis speculō
ut vīdit vult*um* su*um*

tībia
-ae *f*

in mediā īrā

nec minus damnōsa *est* superbia in
vultū vestrō

ōdimus (: ōdī) im-modic*um* fāst*um*
im-modicus -a -um (↔ modicus)
= nimius

saepe tacēns vultus sēmina odiī habet

*virum* spectantem spectā! *virō* mollia (: molliter) rīdentī rīdē!

*sī* in-nuet, tū quoque redde acceptās
notās!
prō-lūdere = ante (pugnam) lūdere
rudis -is *f* = baculum quō gladiātor
lūdit/exercētur; rud*e* relict*ā*
puer ille : Amor
spīcula acūta dē pharetrā suā prōmit
pharetra -ae *f*, quā continentur sagit-
tae (spīcula)
Tecmessa -ae *f*, Trōiāna, rēgis fīlia,
maesta quia ancilla Āiācis facta est
hilaris -e (↔ maestus) = laetus, rīdēns
nōs *virōs*, hilarem populum, fēmina
laeta capit

[*Īra, superbia, trīstitia*]

Sī licet ā parvīs animum ad māiōra referre

plēnaque curvātō  pandere vēla sinū,          500

pertinet ad faciem rabidōs compescere mōrēs:

candida pāx hominēs,  trux decet īra ferās.

Ōra tument īrā, nigrēscunt sanguine vēnae,

lūmina Gorgoneō  saevius igne micant.

"Ī procul hinc!" dīxit "nōn es mihi, tībia, tantī",     505

ut vīdit vultūs  Pallas in amne suōs:

vōs quoque sī mediā speculum spectētis in īrā,

cognōscat faciem  vix satis ūlla suam.

Nec minus in vultū damnōsa superbia vestrō:

cōmibus est oculīs  alliciendus Amor.          510

Ōdimus immodicōs – expertō crēdite! – fāstūs

saepe tacēns odiī  sēmina vultus habet.

Spectantem spectā; rīdentī mollia rīdē;

innuet: acceptās  tū quoque redde notās.

Sīc ubi prōlūsit, rudibus puer ille relictīs     515

spīcula dē pharetrā  prōmit acūta suā.

*pharetra*

Ōdimus et maestās; Tecmessam dīligit Āiāx,

nōs, hilarem populum,   fēmina laeta capit.

Numquam ego tē, Andromachē, nec tē, Tecmessa,

              rogārem,

520   ut mea dē vōbīs  altera amīca foret;

crēdere vix videor – cum cōgar crēdere partū! –

vōs ego cum vestrīs concubuisse virīs!

Scīlicet Āiācī mulier maestissima dīxit

"lūx mea!" quaeque solent  verba iuvāre virōs!?

............

*[Dē cūstōde fallendō]*

611 Quā vafer ēlūdī possit ratiōne marītus,

     quāque vigil cūstōs,  praeteritūrus eram.

Nupta virum timeat, rata sit cūstōdia nuptae,

     hoc decet, hoc lēgēs  iūsque pudorque iubent.

615 Tē quoque servārī, modo quam vindicta redēmit,

     quis ferat? Ut fallās  ad mea sacra venī!

Tot licet observent, adsit modo certa voluntās,

     quot fuerant Argō  lūmina, verba dabis.

Scīlicet obstābit cūstōs nē scrībere possīs,

620   sūmendae dētur  cum tibi tempus aquae?

cōnscia cum possit scrīptās portāre tabellās

     quās tegat in tepidō  fascia lāta sinū?

---

Andromachē: maesta ob mortem Hectoris, virī suī

ut altera dē vōbīs mea amīca foret (= esset)

ego vix crēdere videor ... vōs cum vestrīs virīs concubuisse
cum (: quamvīs) crēdere cōgar partū (: quia utraque peperit)

quā ratiōne vafer marītus auā-que vigil cūstōs ēlūdī possit...

praeteritūrus eram = paene praeteriī (: nōn dīxī)

ratus -a -um = lēgitimus
cūstōdia -ae *f* < cūstōs

servārī : cūstōdīrī
vindicta -ae *f* = lēx quā servus/ancilla līberātur; quam vindicta redēmit : lībertīnam
mea sacra : mea praecepta poētica sac-ra
ob-servāre = īnspicere, spectāre
licet tot lūmina (: oculī) *tē* observent quot Argō fu*ēru*nt, *dum*modo adsit certa voluntās, verba dabis (= fallēs)
Argus -ī *m*, cūstōs Īonis cui centum oculī erant

ob-stāre = prohibēre

aquam sūmere : lavārī
cum tibi dētur tempus aquae sūmen-dae
cum *ancilla* cōnscia possit portāre scrīptās tabellās (: epistulam)

quās fascia lāta in tepidō sinū tegat
-

| | |
|---|---|
| sūra -ae *f* = pars crūris posterior<br>ligāre = vincīre: *in* sūrā ligātās | cum possit sūrā chartās cēlāre ligātās |
| sub vīnctō pede : sub calceō | et vīnctō blandās  sub pede ferre notās? |
| cavēre cāvisse cautum<br>*sī* cūstōs haec cāverit, *ancilla* cōnscia<br>prō chartā tergum *īnscrībendum*<br>praebeat | Cāverit haec cūstōs, prō chartā cōnscia tergum     625 |
| | praebeat inque suō  corpore verba ferat! |
| recēns -entis *adi* = novus; (littera) ē<br>lacte recentī = lacte recentī scrīpta | Tūta quoque est fallitque oculōs ē lacte recentī |
| carbō pulvis<br>-ōnis *m*             carbōnis | littera – carbōnis pulvere tange: legēs. |

............

| | |
|---|---|
| | Quid faciat cūstōs cum sint tot in Urbe theātra,     633 |
| iūnctōs equōs : quaternōs equōs (in<br>Circō) | cum spectet iūnctōs  illa libenter equōs? |

............

| | |
|---|---|
| ; cūstōde forīs tunicās puellae ser-<br>vante (: dum cūstōs … servat) | cum, cūstōde forīs tunicās servante puellae,     639 |
| multa balnea fūrtīvōs iocōs (: amō-<br>rēs) cēlent | cēlent fūrtīvōs  balnea multa iocōs?     640 |
| | cum, quotiēns opus est, fallāx aegrōtet amīca |
| ē lectō suō cēdat | et cēdat lectō  – quamlibet 'aegra' – suō? |
| clāvis adultera = clāvis falsa<br>cum clāvis 'adultera' nōmine doceat<br>quid agāmus (: adulterium!)) | nōmine cum doceat quid agāmus adultera clāvis, |
| (nōn iānua sōla : etiam fenestra!) | quāsque petās nōn det  iānua sōla viās? |
| Lyaeus -ī *m* = Bacchus; vīnum | Fallitur et multō cūstōdis cūra Lyaeō, |
| Hispānus -a -um < Hispānia<br>vel (: quanvīs) ūva *in* Hispānō iugō<br>(: monte) co*ll*ēcta sit | illa vel Hispānō  lēcta sit ūva iugō.     645 |
| sunt quoque medicāmina quae altōs<br>somnōs faciant | Sunt quoque quae faciant altōs medicāmina somnōs |
| victa lūmina (: victōs oculōs) nocte<br>Lēthaēā premant | victaque Lēthaēā  lūmina nocte premant. |

............

[*Nōlīte crēdere rūmōribus!*]

| | |
|---|---|
| 667 Quō feror īnsānus? quid apertō pectore in hostem | quō feror : quō eō<br>apertō pectore : nūdō pectore |
| mittor et indiciō prōdor ab ipse meō? | prō-dere = hostī trādere<br>ipse prōdor (ab) indiciō meō |
| Nōn avis aucupibus mōnstrat quā parte petātur, | quā parte : ubi |
| 670 nōn docet īnfestōs currere cerva canēs! | īnfestus -a -um ↔ benignus; cerva<br>nōn docet īnfestōs canēs currere |
| Vīderit ūtilitās: ego coepta fidēliter ēdam: | ūtilitās -ātis f < ūtilis; vīderit ūtilitās<br>: nesciō an ūtile sit mihi<br>ē-dam : perficiam |
| Lēmniasīn gladiōs in mea fāta dabō. | Lēmnias -adis f = fēmina ex Lēmnō<br>(*dat pl Gr* -asīn); Lēmniadēs virōs<br>suōs īnfīdōs occīdērunt<br>in me*um* fātu*m*: in meam necem |
| Efficite – et facile est – ut nōs crēdāmus amārī: | |
| prōna venit cupidīs in sua vōta fidēs. | prōnus -a -um = parātus<br>fidēs in sua vōta prōna venit : facile<br>crēdimus quod crēdere cupimus |
| 675 Spectet amābilius iuvenem et suspīret ab īmō | ab īmō *pectore* |
| fēmina, 'tam sērō cūr veniat'que roget. | roget : interroget |
| Accēdant lacrimae, dolor et dē paelice fictus, | et fictus dolor dē paelice |
| et laniet digitīs illĭus ōra suīs! | digitīs : unguibus |
| Iamdūdum persuāsus erit, miserēbitur ultrō | persuāsus erit = eī persuāsum erit<br>miserēbitur *illĭus* = miserābitur *illam*<br>ultrō *adv*= suā sponte |
| 680 et dīcet: "Cūrā carpitur ista meī!" | carpitur : afficitur<br>meī *gen* < ego; cūra meī : amor meī<br>(in mē) |
| Praecipuē sī cultus erit speculōque placēbit, | speculō placēbit : sibi placēbit cum<br>sē in speculō videt |
| posse suō tangī crēdet amōre deās! | |
| Sed tē, quaecumque est, moderātē iniūria turbet, | moderātus -a -um = nodicus |
| nec sīs audītā paelice mentis inops, | audītā paelice : cum dē paelice<br>audīveris |
| 685 nec citŏ crēdideris: quantum citŏ crēdere laedat | nec (nĕ) citŏ crēdideris = nōlī citŏ<br>crēdere |
| exemplum vōbīs nōn leve Procris erit. | (exemplum) nōn leve : grave<br><u>Proc</u>-ri|s e-rit |

Cephalus -ī *m*, fīlius Mercuriī, vēnātor; Procris -is *f*, uxor Cephalī

Hymettos -ī *m*, mōns prope Athēnās

fōns fontis *m* = aqua ē terrā ērumpēns
caespes -itis *m* = terra herbā operta

arbutus
-ī *f*

rōs rōris *m* = aqua tenuis quae noctū
herbam operit | nig-ra-que

im-pellere -pulisse -pulsum < in- +
   pellere
salūbris -e = quī salūtem affert, quī
   sānum facit

quiēs Cephalō grāta *fuit*

lassus -a -um = fessus
re-sidēre -sēdisse = sedēre (post la-
   bōrem)

re-levāre = levāre, levem facere

"mōbilis aura, quae meōs aestūs relevēs. venī accipienda sinū!"

aliquis male (: nimis) sēdulus ad coniugis aurēs timidās memorī ōre audītōs sonōs rettulit (: audīta verba
nūntiāvit)

accēpit : audīvit
Proc-ri-s u|t ac-cē-pit

palluit ut pallēscunt sērae frondēs...

rumpit : scindit
indignās : quae nōn ita merēbant

[*Cephalus et Procris*]

Est prope purpureōs collēs flōrentis Hymettī

   fōns sacer et viridī  caespite mollis humus;

silva nemus nōn alta facit, tegit arbutus herbam;

   rōs maris et laurī  nigraque myrtus olent.     690

............

Lēnibus impulsae Zephyrīs aurāque salūbrī     693

   tot generum frondēs  herbaque summa tremit.

Grāta quiēs Cephalō: famulīs canibusque relictīs     695

   lassus in hāc iuvenis  saepe resēdit humō.

"Quae"que "meōs relevēs aestūs" cantāre solēbat

   "accipienda sinū,  mōbilis aura, venī!"

Coniugis ad timidās aliquis male sēdulus aurēs

   audītōs memorī  rettulit ōre sonōs.     700

Procris ut accēpit nōmen quasi paelicis 'Aurae'

   excidit et subitō  mūta dolōre fuit;

palluit ut sērae, lēctīs dē vīte racēmīs,

   pallēscunt frondēs  quās nova laesit hiems.

............

Ut rediit | animus, tenuēs ā pectore vestēs     707

   rumpit et indignās  sauciat ungue genās!

Nec mora, per mediās passīs furibunda capillīs

710   Āvolat, ut thyrsō  concita Baccha, viās.

Ut prope perventum, comitēs in valle relinquit,

  ipsa nemus tacitō  clam pede fortis init,

Quid tibi mentis erat, cum sīc male sāna latērēs,

  Procri? quis attonitī  pectoris ārdor erat?

715  Iamiam ventūram, quaecumque erat Aura, putābās

  scīlicet atque oculīs  probra videnda tuīs!

Nunc vēnisse piget (neque enim dēprēndere vellēs),

  nunc iuvat: incertus  pectora versat amor.

Crēdere quae iubeant locus est et nōmen et index

720   et quia mēns senper  quod timet esse putat.

Vīdit ut oppressā vestīgia corporis herbā,

  pulsantur trepidī  corde micante sinūs.

Iamque diēs medius tenuēs contrāxerat umbrās

  inque parī spatiō  vesper et ortus erant:

725  ecce redit Cephalus silvīs, Cyllēnia prōlēs,

  ōraque fontānā  fervida pulsat aquā.

Anxia, Procri, latēs. Solitās iacet ille per herbās

  et "Zephyrī mollēs  auraque" dīxit, "ades!"

Ut patuit miserae iūcundus nōminis error,

---

**Marginal glosses:**

furibundus -a -um = furiōsus
per mediās viās āvolat passīs capillīs ut Baccha thyrsō concita

thyrsus -i *m*, baculum Bacchī he-
derā et vītibus ōrnātum

ut prope perventum *est* (. pervēnit)

clan tacitō pede fortis nemus in-it

male sānus = īnsānus

Procri *voc Gr* | <u>Proc</u>-ri
quis ārdor = quī ārdor

iam-iam (= prōtinus) *eam* ventūran
*esse* putābās

probrum -ī *n* = rēs indigna/turpis
<u>orob</u>-ra

vēnisse *tē* piget (: paenitet)

nunc *tē* vēnisse iuvat
versat : afficit

index -icis *m* = quī indicat
est locus et nōmen et index quae
crēdere iubeant

ut vīdit vestīgia corporis...
op-primere -pressisse -pressum (< ob
+ premere) = premere (deorsum)

trepidī sinūs (: pectus) corde micante
pulsantur | micāre : palpitāre

diēs medius = merīdiēs

in parī spatiō : parī spatiō dīvīsī
ortus (sōlis) : māne
Cyllēnius -a -um < Cyllēnē -ēs *f*,
Arcadiae mōns Mercuriō sacer;
Cyllēnia prōlēs : fīlius Mercuriī
prōlēs -is *f* = fīlius/fīlia | *ē* silvīs

fontānus -a -um < fōns; aquā fontānā
fervidus -a -um = fervēns

anxius -a -um = sollicitus | <u>Proc</u>-ri

patuit : patefactus est
nōminis error : quod nōmine 'aurae'
dēcepta erat

| | |
|---|---|
| et mēns rediit et vērus color in *ōs* | et mēns et rediit  vērus in ōra color;     730 |
| oppositās frondēs | surgit et oppositās agitātō corpore frondēs |
| uxor in amplexūs virī itūra | mōvit in amplexūs  uxor itūra virī. |
| *sē* feram vīdisse  ratus (= arbitrātus) iuvenālis -e < iuvenis; *adv* ut iuvenis | Ille feram vīdisse ratus iuvenāliter arcūs |
| fuēr*unt* | corripit: in dextrā  tēla fuēre manū. |
| sup-primere -pressisse -pressum < sub + premere | Quid facis, īnfēlīx? nōn est fera – supprime tēla!    735 |
| fīgere = percutere, trāns-fīgere | Mē miserum! Iaculō  fīxa puella tuō est! – |
| con-clāmat *Procris* pectus amīcum (: anīcae) | "Ei mihi!" conclāmat, "Fīxistī pectus amīcun! |
| hic locus : pectus meum | Hic locus ā Cephalō  vulnera semper habet. |
| ante diem (quō moriendum erat) | Ante diem morior, sed nūllā paelice laesā: |
| hoc mihi positae (: sepultae) tē, terra (*voc*). levem faciet | hoc faciet positae  tē mihi, terra, levem.     740 |
| spīritus -us *m* (< spīrāre) = anima iam spīritus *meus* exit in 'aurās' nōmine suspectās lābor (*ad Īnferōs*) lūmina : oculōs; oculōs condere = mortuō oculōs claudere | Nōmine suspectās iam spīritus exit in aurās. Lābor, iō! Cārā  lūmina conde manū!" |
| ille *in* sinū maestō dominae mori*ēns* corp*us* sustinet | Ille sinū dominae morientia corpora maestō |
| vuln*us* saev*um* | sustinet et lacrimīs  vulnera saeva lavat. |
| spīritus exit et, paulātim lāpsus *ex* incautō pectore, ōre miserī virī excipitur | Exit et incautō paulātim pectore lāpsus     745 |
| | excipitur miserī  spīritus ōre virī. |

## [*In convīviīs*]

| | |
|---|---|
| nūdīs rēbus : sine ōrnāmentīs mihi eundun est : īre dēbeō | Sed repetāmus opus. Mihi nūdīs rēbus eundum est, |
| u*t* fessa carīna (: nāvis) portum su*um* tangat (: attingat) | ut tangat portūs  fessa carīna suōs. |

96

Sollicitē exspectās dum tē in convīvia dūcam

750 et quaeris monitūs hāc quoque parte meōs.

    monitus -ūs *m* < monēre

Sēra venī, positāque decēns incēde lucernā!

Grāta morā veniēs, māxima lēna mora est.

    morā : propter moram
    lēna .ae *f* = fēmina quae virīs puel-
    lās amandās vēndit

Etsī turpis eris, fōrmōsa vidēbere pōtīs

    vidēber*is*
    pōtus -a -um = quī pōtāvit, ēbrius

et latebrās vitiīs nox dabit ipsa tuīs.

    nox ipsa vitiīs tuīs latebrās dabit
    (: vitia tua cēlābit)

755 Carpe cibōs digitīs – est quiddam gestus edendī –

    gestus -ūs *m* (< gerere) = modus sē
    gerendī

ōra nec immundā tōta perungue manū!

    per-unguere | ōra tōta : ōs tōt*um*

nēve domī praesūme dapēs, sed dēsine citrā

    prae-sūmere = ante sūmere
    dēsine citrā quam capis : antequam
    ēdistī quod capere potes

quam capis: ēs paulō quam potes ēsse minus!

Prīamidēs Helenēn avidē sī spectet edentem.

    Prīamidēs -is *m*, fīlius Priamī: Paris
    avidus -a -um = valdē cupidus
    sī Helenēn avidē edentem spect*āvis-*
    *set, eam* ōd*isset* et dīx*isset;* ...

760 ōderit et dīcat: "Stulta rapīna mea est!"

Aptius est deceatque magis pōtāre puellās,

cum Veneris puerō nōn male, Bacche, facis.

    Veneris puer : Amor

Hoc quoque: quā patiēns caput est, animusque

    hoc quoque *dīcam:* quā (= ubi) caput
    *vīnī* patiēns est

                   pedēsque

cōnstant, nec quae sunt singula bīna vidē!

    cōnstāre = cōnstāns esse

765 Turpe iacēns mulier multō madefacta Lyaeō,

    made-facere = madidum (: ēbrium)
    facere

digna est concubitūs quōslibet illa patī!

Nec somnīs positā tūtum succumbere mēnsā,

    nec tūtum *est* somnīs succumbere
    mēnsā psitā (: in convīviō)

per somnōs fierī multa pudenda solent.

## [In cubiculō]

ultreriōra : quae ultrā (: in cubiculō) fīunt; ulteriōra *mē* pudet doc*ēre*

Ulteriōra pudet docuisse; sed alma Diōnē

"quod *tē* pudet praecipuē nostrum (: meum) opus est"

"Praecipuē nostrum est  quod pudet" inquit          770

"opus."

quaeque *fēmina* sibi nōta sit (: sē nōverit)
mnodōs ā corpore : figūrās corporis

Nōta sibī sit quaeque; modōs ā corpore certōs

sūmite: nōn omnēs  ūna figūra decet.

prae-signis -e = īnsignis, ēgregius
re-supīnus -a -um = in tergō (iacēns)

Quae faciē praesignis erit, resupīna iacētō.

spectentur *ā* tergō *eae* qui*bus* sua terga placent

spectentur tergō  quīs sua terga placent.

............

Nec lūcem in thalamōs tōtīs admitte fenestrīs,          807

aptius in vestrō  corpore multa latent.

## [Fīnis lūsūs]

cycnus -ī *m*

poēta (et Venus) vehitur currū cycnīs tractō

tempus *est* dēscendere cycnīs quī
iug*um* nostr*um* (: currum meum)
collō suō dūxērunt

Lūsus habet fīnem. Cycnīs dēscendere tempus

dūxērunt collō  quī iuga nostra suō.          810

quondam: II.744

Ut quondam iuvenēs, ita nunc, mea turba, puellae

īnscrībant spoliīs:  "Nāsŏ magister erat."

## FINIS

# INDEX VOCABVLORVM

(Litterīs oblīquīs [abc...] scrībuntur vocābula quae appārent in ROMA AETERNA cap. XXXVI–XL)

677; III.160,280
dē-cēdere (dē vītā) pāg.7.58
decēns -entis adi III.(291),751; adv
   decenter III.291
decēre I.316; II.569; III.135,229
dē-cidere -disse I.150; II.2,91
dē-cipere -iō -cēpisse -ceptum
   I.(289),325; III.445,454
dē-clāmāre I.465; II.507
dēcolor -oris adi III.130
decor -ōris m II.379; III.159,282,295,
   299,352,424
dē-crēscere III.125
dē-currere -risse II.99
dē-decēre II.530
dē-decus -oris n III.248
dēficere -iō -fēcisse -fectum I.662
dē-fōrmāre I.517
dēfōrmis -e III.217,373
dē-lābī -lāpsum I.43; II.245
dē-litēscere -lituisse II.240,472
dē-mēns -entis adi II.591
dē-mittere I.153
dēnsus -a -um III.165
dē-pectere I.630
dē-pōnere II.463
dē-prehendere/-prēndere -disse -sum
   J.619; II.(373),377,557,593; III.209
dē-tegere III.161
dēterior -ius comp III.256
dē-tinēre -uisse I.640; II.98; III.312
dē-vehere III.386
dē-volāre III.420
dē-vovēre III.241
dexter -era -erum II.145
diēs -ēī f I.418; II.653; III.152,739
dif-fundere III.9
dignus +inf I.670
dif-ferre dis-tulisse dī-lātum I.409;
   II.225
dif-fīdere -fīsum esse +dat I.768
dīlēctus -a -um pāg.7.51
dī-luere -uisse -ūtum I.238
dī-mittere III.33
dis-cīnctus -a -um I.421
discrīmen -inis n II.303; III.137
disertus -a -um I.463,610; II.507
dis-pōnere II.45,578,595
dis-simulāre I.276; II.642; III.210
di-stāre III.278
dis-tendere -disse -tentum II.209
dis-torquēre III.287
dīversus -a -um I.755; II.499; III.124
dīviduus -a -um II.488
docilis -e I.267; III.344
doctor -ōris m pāg.7.50
dolus -ī m II.562
domāre -uisse -itum II.183; III.114
domina -ae f I.139,421,572; II.111,
   213; III.743
dominus -ī m I.450
dōnāre +abl II.3,261

dōs dōtis f I.596; II.112,155; III.258
dubitāre +inf I.343; II.211
dūdum, iam dūdum I.317; II.457
dūrāre I.38; II.119
dūrus -a -um; ē dūrō III.476
E
ēbrietās -ātis f I.597
ebur -oris n I.(147)
eburnus -a -um I.147; II.203
ē-dere -didisse -ditum pāg.6.23;
   III.61,671
ē-dīcere pāg.6.39
ē-discere II.122
ef-fodere -iō -fōdisse -fossum III.125
effugium -ī n II.21
ēgressus -ūs m II.32
ēheu! I.176
ei! +dat I.672,741; II.274
ē-lābī -lāpsum I.432
elegī -ōrum m pl (versūs) pāg.5.15;
   I.(264); III.(333)
elephantus -ī m I.(147)
ē-licere -iō -uisse -itum II.444
ēloquēns -entis adi I.(459)
ēloquentia -ae f I.(459)
ēloquium -ī n I.(459),462
ē-lūdere III.611
emāx -ācis adi I.421
ē-minēre I.519
ēn! I.555; II.599
ēnsi-ger -a -um II.56
epulae -ārum f pl II.227
equa -ae f I.(280); II.487
~ēre = ~ērunt I.119,174,243,551,717;
   II.70,479; III.108,112,296,312,406,
   734
error -ōris m pāg.7.42,45,47; III.729
ē-rudīre II.66; III.48
esse; nōn est +inf II.447
et = etiam I.669
euhion! euhoe! I.563; III.157
ē-venīre pāg.6.36; III.247
ex-animis -e I.540
ex-ārdēscere -ārsisse III.481
ex-cidere -disse I.539; II.450; III.702
ex-cipere -iō -cēpisse -ceptum I.710,
   756; II.596
ex-clūdere -sisse -sum III.69
ex-cutere -iō -cussisse -cussum I.22,
   150,151,242; II.627; III.162
exemplum -ī m I.636; II.575
ex-haurīre -sisse -stum I.771
ex-hibēre II.348
ex-igere -ēgisse -āctum II.130,502
exilium -ī n pāg.7.53,57; II.25
ex-ōrāre I.37
ex-pedīre I.422; expedit I.637
ex-perīrī -pertum II.180; expertus
   III.511
ex-plōrāre I.456
ex-pōnere III.209
ex-primere -essisse -essum III.224

ex-probrāre II.641
ex-silīre -uisse I.115
ex-stāre III.338
ex-stinguere -īnxisse -īnctum II.441
ex-sultāre I.315
exta -ōrum n pl I.320,322; II.737
externus -a -um I.70
ex-terrēre I.13
extrēmus -a -um II.120
ex-uere -uisse -ūtum II.241; III.77
exul -is adi pāg.7.52
ex-ululāre I.508
F
fac/facitō +coni I.145,443,480,575,
   598,610,660; II.198,206,224,296,
   345,445; III.266,477
facere III.57
facessere -īvisse -ītum III.367
faciēs -ēī f I.121; II.468,503; III.105,
   210,316,398,501
facilis -e III.475; ex/in facilī I.356,
   562
fācundia -ae f I.609
fācundus -a -um II.123
faenus -oris n II.513
famulus -ī m III.695
far farris n I.758
fās n indēcl I.739; fās est III.151
fascia -ae f III.274,622
fāstus -a -um; m pl pāg.6.34
fāstus -ūs m I.715; II.241; III.511
fātum -ī n, pl II.27
favēns -entis adi I.268
favilla -ae f III.203
fax -facis f I.22
fel fellis n II.520
fēmina (bōs, taurus) f adi I.279,280;
   II.462,482
fēmineus -a -um I.341; III.286,298
ferīre I.528
ferre II.168; pass I.312; II.380; fertur
   (: dīcitur) I.300; II.240,477; ferunt
   (: dīcunt) II.632
ferrum -ī n II.379
fervēns -entis adi III.396
fervidus -a -um III.726
fēstum -ī n I.416
fictus -a -um (part < fingere)
   pāg.5.16: I.597; III.677
fidēlis -e I.555; adv -iter III.671
fidēs -ēī f I.612; II.640
fidūcia -ae f I.269,707; II.349
fierī factum: ut fit I.149
figere fīxisse fixum I.23; III.240,
   736,737
figūra -ae f I.759; II.143; III.207,493
fīlum -ī n II.494
fingere fīnxisse fictum pāg.5.16,19;
   I.306,432,616; II.579,631; III.472
fīrmāre II.(337)
fīrmus -a -um II.319,340
flamma -ae f I.282,526; II.379,441

flēbilis -e I.413; *adv* -iter pāg.7.56
flectere flexisse flexum I.442
*flētus* -ūs *m* III.432
flōrēre II.115; III.687
flōs -ōris *m* II.665
focus -ī *m* I.638
foedus -eris *n* II.462,579
fōns fontis *m* III.688
fontānus -a -um III.726
foret forent III.194,520
fōrma -ae *f* I.246,623,707; II.296;
 III.103,134,205,217,234.433
formīca -ae *f* I.93
fors fortis *f* I.608
*forsitan adv* III.339,422,447
fortassis *adv* I.665
forum -ī *n* (: amphitheātrum) I.164
fragilis -e I.374; II.113
fraudāre III.293
fraus fraudis *f* III.32,491
frēna -ōrum *n pl* I.20
frendere I.46
frequēns -entis *adi* I.50,93,147
fretum -ī *n* II.61,338,468; III.252
*frōns* -ondis *f* I.58,105,299; II.475;
 III.162,250,694,704,731
frūctus -ūs *m* III.398
frutex -icis *f* I.47; III.250
fugāre II.153; III.126,132,300
fugere + *acc* I.135; + *dat* II.450
fulcīre fulsisse fultum II.244
*fulgēre* -sisse III.119
fulmineus -a -um II.374
fulvus -a -um II.373
fundere fūdisse fūsum III.236
fungī fūnctum + *abl* II.158
*fūnis* -is *m* I.764
*fūnus* -eris *n* III.431
*furere* I.(341)
furia -ae *f* II.487
furibundus -a -um III.709
furiōsus -a -um I.281; II.363,451
furor -ōris *m* I.342; II.106; III.172
fūrtim *adv* I.619
fūrtīvus -a -um I.275; II.246; III.640
fūrtum -ī *n* I.33; II.389,555,617,640
fuscāre I.513; III.197
fuscus -a -um I.(513); II.657
G
garrulus -a -um II.606
gausapum -ī *n* II.300
gelidus -a -um III.385
geminus -a -um II.19,644; III.47,496
gemma -ae *f* III.186
gener -erī *m* III.392
geniālis -e I.125
gestus -ūs *m* III.275,755
glāns -andis *f* II.(622); III.149
gradus -ūs *m* I.(89),107; per gradūs
 I.482
grāmen -inis *n* III.249
grandis -e I.350; III.206

grāni-fer -fera -ferum I.94
grānum -ī *n* I.(94)
grassārī III.441
grātia -ae *f* II.570
grātīs *adv* I.454
grātulārī III.122
gravis -e III.277
grūs gruis *f* III.182
*gurges* -itis *m* III.426
gutta -ae *f* I.288
gȳrus -ī *m* III.384
H
habēnae -ārum *f pl* I.5
habilis -e II.661
hāc-tenus *adv* I.263
*haerēre* -sisse -sum II.484
hāmus ī *m* I.47,763; III.425
harēna -ae *f* I.164,165,527,560;
 III.395
harundō -inis *f* II.77
hedera -ae *f* III.411
hērōs -ōis *m* pāg.5.(17)
hērōis -idis *f* pāg.5.17,18; I.713
hesternus -a -um III.154
hiāre II.115
hilaris .e III.518
hinnīre I.(280)
hirtus -a -um I.762
hirundō -inis *f* II.149,383
honestus -a -um I.769
*honōs* -ōris *m* II.274,278; III.392,
 411,483
horrēre II.213
hostis -is *f* II.461
hūmānus -a -um II.372
hymenaee! I.563
I
iactāre II.61,203,204
iactus -ūs *m* III.353,369
*iaculum* -ī *n* I.763; III.736
iam dūdum I.317; II.457
iam-iam III.715
īcere īcisse ictum II.380
ictus -ūs *m* II.610
ieiūnus -a -um III.277
ignārus -a -um II.376
ignāvus -a -um III.381
ignis -is *m* I.244,573
īlex-icis *f* III.149
īlia -ium *n pl* III.285
imāgō -inis *f* I.171
imber -bris *m* I.532
im-meritus -a -um I.318
im-modicus -a um III.511
im-mundus -a -um I.154; II.486,524;
 III.756
im-patiēns -entis *adi* II.60
im-pedīre III.146
im-pellere -pulisse -pulsum III.693
im-pendere -disse -pēnsum III.297
*im-pius* -a -um I.(435)
im-plēre -ēvisse -ētum I.325

im-plicāre -uisse -itum I.561
im-pōnere + *dat* II.202,469
im-probitās -ātis *f* I.676
īmum -ī *n* III.675
in-adsuētus -a -um I.300
in-amābilis -e III.289
inānis -e I.740; II.470
in-aurātus -a um II.494
in-cautus -a -um II.83; III.371,745
*in-cēdere* III.751
*incendium* -ī *n* II.301
inceptum -ī *n* I.716
incessus -ūs *m* III.299
in-cipere -iō -cēpisse -ceptum II.78,
 226
*in-citāre* I.368; III.474
inde *adv* I.769
index -icis *m* III.719
indicium -ī *n* II.446,573; III.668
in-dignus -a -um I.532; III,708
*in-dūcere* I.172; III.199
indulgentia -ae *f* II.145,435
indulgēre III.159
in-eptus -a -um I.306
,in-ers -ertis *adi* II.229; III.60,208,
 220,412
inertia -ae *f* III.197
in-esse + *dat* II.236
īnferior -ius -ōris *comp* I.770
īn-festus -a -um III.670
īn-ficere -iō -fēcisse -fectum III.163
*īn-firmus* -a -um II.66
īn-fundere -fūdisse -fūsum I.437
in-gemēscere -muisse I.169
ingeniōsus -a um II.34
ingenium -ī *n* II.163
ingenuus -a -um II.121,216
in-grātus -a -um; *adv* ingrātē II.435
in-icere -iō -iēcisse -iectum I.116;
 II.618; III.266
in-īquus -a -um I.313; II.27
*in-īre* III.712
in-lēctus -a -un I.469
in-linere -lēvisse -litum III.314
in-nocuus -a -um, *adv* innocuē I.640
in-nuere -nuisse II.543; III.514
in-numerus -a -um I.760
in-ops -pis *ad i* + *gen* (mentis) I.465;
 III.684
in-re-ligātus -a -um I.530
*īn-sānus* -a -um I.372; II.563; III.667
*īn-scius* -a -um I.458
*īn-sequī* I.486
in-serere -uisse -rtum I.605
*īnsidiae* -ārum *f pl* I.766; II.149,594
īnsidiōsus -a -um I.134
īnsigne -is *n* I.31
īnsignis -e III.348
in-solitus -a -um I.(300)
*īn-spicere* -iō -exisse -ectum I.423;
 II.396; III.232,471

īn-suere -suisse -sūtum III0.131
īnstar *n indēcl* +*gen* I.676; II.286
īn-stāre I.409,485,717,718; +*dat*
    II.535
īnstita -ae *f* I.32; II.600
īnstitor -ōris *m* I.421
īn-struere -ūxisse -ūctum III.342
in-tāctus -a -um I.(677)
*interior* -ius; *n pl* -iōra III.230
inter-īre I.374,474
in-ultus -a -um I.366
*in-ūtilis* -e pāg.5.7
inventum -ī *n* II.164
invidus -a -um I.296
in-vīsus -a -um III.242
invītus -a -um I.674; II.449
iō! II.1; III.742
iocus -ī *m* I.354,594; II.176,600;
    III.381.640
Iove: sub Iove I.726; II.623
ir-ritus -a -um I.634
~isse *īnf perf*: -re *īnf praes* I.160,161,
    162,294,481,600; II.20,98,121,122,
    216; III.370
-īsse = -iisse/-īvisse II.477,555; īsse =
    iisse II.521,522
iuba -ae *f* I.630
iubēre +*coni* I.507
iūdex -icis *m* I.461; III.491
*iūdicium* -ī *n* I.98,246,626
iugum -ī *n* I.318; III.810
iūrāre I.372,425,635; III.75
iūrgium -ī *n* I.591; III.374
iūs -ūris *n, pl* iūra II.42,381; III.58,
    492
iussū *abl* +*gen* II.157
iūstus -a -um II.598
iuvāre iūvisse I.102,406,428,597,630,
    674; III.121,413,524,718
iuvenālis -e, *adv* -iter III.733
iuvenca -ae *f* I.293,307; II.485
iuvencus -ī *m* I.471
iuventa -ae *f* III.81
*iuventūs* -ūtis *f* I.459; II.733

**L**
labāre II.85
labellum -ī *n* I.575,667; III.284
lābēs -is *f* I.292,514
lābī lāpsum III.65
labōrāre +*īnf* I.35
lacer -era -erum I.412
lactēns -entis *adi* II.375
lacūna -ae *f* III.283
laedere -sisse -sum I.365,443;
    III.207,685,704,739
languēre II.(315),436
languor -ōris *m* II.318
laniāre I.122; II.171,451; III.678
lapillus -ī *m* III.129
lapis -idis *m* I.432; III.223
laqueus -ī *m* I.284; *pl* II.578,580,595
lascīvus -a -um I.523; II.497,567;

III.331
lassus -a -um III.696
latebra -ae *f* II.393; III.754
latēns -entis *adi* (*part* < latēre) I.569
lauri-ger -gera -gerum III.389
*laurus* -ī *f* II.495,496; III.690
laxāre III.73
laxus -a -um I.516; III.268; *adv* laxē
    III.145
lēctor -ōris *m* II.283
lea -ae *f* II.375
lēctus -a -um I.461
legere lēgisse lēctum I.263,357,461;
    II.508,666; III.124,130,645,703
lēgitimus -a -um I.282; II.545;
    III.293
lēna -ae *f* III.316,752
lēnīre II.648
lēnis -e III.693; *adv* -iter, *comp* lēnius
    I.718
lentēscere II.357
lentus -a -um I.5,67,472,732; II.456;
    III.123,452
lepus -oris *m* I.272; II.517
levis -e I.159; III.686
lēvis -e III.(193)
lēx lēgis *f* I.119,142
lībāre I.577
libīdō -inis *f* I.281,341
lībrāre II.68
lībum -ī *n* I.429
licet +*coni* I.413,664,673; II.109,
    266,279; III.106,399; licēbat II.31
ligāre I.(530); III.623
līnea -ae *f* I.141
linere lēvisse litum III:(314)
lingula -ae *f* III.444
līnum -ī *n* II.46
liquēscere II.85
liquidum -ī *n* I.(104); II.(491)
liquidus -a -um I.104,620; II.472;
    III.443
līs lītis *f* II.(145),151,155; III.452
littera -ae *f* I.483; II.500
loquāx -ācis *adi* II.608
lōra -ōrum *n pl* I.41,550
lūcidus -a -um III.204
lūcifer -era -erum III.180
lūdere -sisse -sum II.203,389,600;
    III.62,368,382; +*acc* I.91; III.318,
    332
lūdius -ī *m* I.112
*lūmen* -inis *n* II.442; *pl* (: oculī)
    I.662; II.578; III.504,618,647,742
lupa -ae *f* III.8,419
lūsor -ōris *m* I.451
lūstrum -ī *n* III.14,15
lūsus -ūs *m* III.(349),372,809
lūx lūcis *f* (: diēs) ) I.413; lūce I.247
luxuriāre I.360; II.437
lyra -ae *f* II.494; III.142,400

**M**
maciēs -ēī *f* I.733; II.660
maculōsus -a -um III.395
made-facere III.765
madēre II.520
madēscere -duisse II.62
madidus -a -um I.554,660; III.224
magicus -a -um II.(99),102
magister -trī *m* I.6
magn-animus -a -um I.20
māiestās -ātis *f* III.407
male +*adi* II.319; III.699,713
male-dīcere II.167
male-dictum -ī *n* III.533
manifestus -a -um II.321,493
manūs dare I.462; ā summā manū
    III.226
marīnus -a -um III.35
marītus -a -um II.381
*marmor* -oris *n* I.70; III.125
*marmoreus* -a -um I.103; III.317
mās maris *m* I.277; II.486
massa -ae *f* III.220
māteria -ae *f* I.49; II.34; III.382
mātūrus -a -um; *adv* mātūrē, *comp*
    mātūrius II.223
mātūtīnus -a -um I.367
medērī +*dat* pāg.6.28; II.735
medicāmen -inis *n* II.489,491;
    III.205,646
medium -ī *n; ē* mediō III.479
medullae -ārum *f* III.215
meī *gen* < ego III.680
melius *adv comp*, dī melius! II.388
*mementō imp fut* < meminisse II.201
*memor* -oris *adi* +*gen* II.270; III.59,
    700
menda -ae *f* I.249; II.653; III.261
mendāx -ācis *adi* I.298,431; II.525;
    III.441
mēnsūra -ae *f* I.589; III.265
mentīrī +*acc* +*īnf* I.25
meretrīx -īcis *f* I.435
meritum -ī *n* III.10
merus -a -um II.474
messis -is *f* III.82
mēta -ae *f* I.40; III.396
metamorphōsis -is *f* pāg.6.31
mētīrī mēnsum I.(589)
*micāre* -uisse III.504,722
migrāre pāg.5.3
mīlitia -ae *f* II.233
*ministra* -ae *f* III.470
miserābilis -e I.737
*miserērī* +*gen* III.679
mītis -e II.149,178,462
mōbilis -e II.62,644; III.698
mōbilitās -ātis *f* III.352
moderātus -a -um, *adv* -ē III.683
modestus -a -um III.389
modicus -a -um II.646; III.283
modo +*coni* III.617

modus -ī *m* I.39,111; II.20,25; *pl*
  pāg.5.10; I.508; III.318
mola -ae *f* III.290
molere –uisse –itum III.(290)
mōlēs -is *f* II.46
  7; III.126
mōlīrī I.266; II.119,537
mollīre I.352; II.(467),477,657
mollis -e; *adv* molliter III.344
monēre: monitī -ōrum *m pl* II.548
monimentum -ī *n* III.391
monita -ōrum *n pl* III.48
monitus -ūs *m* III.750
mōnstrāre II.65
montānus -a -um I.305; II.364
mora -ae *f:* nec mora (*adv*) I.146;
  III.709
*morārī* I.46, III.436; +*acc* I.98,301;
  II.226
mordāx -ācis *adi* I.506
mōrōsus -a -um III.237
mōs mōris *m* I.133; *pl* III.370
movēre pāg.5.9; I.29,110,144; II.43
mūgīre I.(279)
mulcēre II.341
munditia -ae *f* I.(505); II.677; III.133
munditiēs -ēī *f* I.(505),513
mundus -a -um III.479
mūnus -eris *n* I.69,170; II.158,664
mūrex -icis *m* I.251; III.170
murmur -uris *n* I.369; II.466
mūtātiō -ōnis *f* pāg.6.32
mutilus -a -um III.249
myrteus -a -um II.734
myrtus -ī *f* II.(734); III.181,690
mystērium -ī *n* II.(601),609
mysticus -a -um II.640
N
nancīscī nactum pāg.6.25; I.95
nardus -īs *m* III.443
nāre II.(41)
nāris -is *f* I.520; *pl* I.522
nātālis -e I.405,429; *m* I.417
natāre +*acc* I.48
*nātus* -ī *m* I.69; II.63,69,73,382
naufrgium -ī *n* I.(412)
naufragus -a -um I.412
nāvālis -e I.171; III.392
nāvita -ae *m* III.259
nē +*imp* I.245
*nectere* -xuisse -xum II.46,484;
  III.238
*ne-fās n indēcl* I.284,739; II.107
negāre; *pass* +*dat* II.243
nemorōsus -a -um I.105,289; III.427
nempe *adv* I.173
nemus -oris *n* I.(105),311; II.623;
  III.689,712
nēnia -ae *f* II.102
ne-quīre -eō -īvisse II.633
nēquitia -ae *f* II.392
nescio-quid III.286

ne-scius -a -um +*gen* I.64; II.50
nigrēscere III.503
nigrum -ī *n* I.291
nīl (= nihil) II.345,365; *adv* I.137;
  II.162,
nimium *adv* I.592; II.83; III.267
nitidus -a -um I.734; III.74,443
nocturnus -a -um I.567; II.625; III.71
nōdus -ī *m* III.139
nōsse = nōvisse I.351; nōsset =
  nōvisset II.250; III.413
nota -ae *f* I.138; III.470,498,514,624
notāre I.109; II.596
*Notus* -ī *m* I.634
novāre II.42; III.346
novellus -a -um I.118
nūdus -a -um III.5
*nūmen* -inis *n* I.640; *pl* I.321; III.347
numerus -ī *m:* per numerōs I.482
nupta -ae *f* II.153,388; III.34,613
nurus -ūs *f* III.248
nūtāre II.263
nūtrīre II.340
nūtus -ūs *m* I.138
O
ob-dere -didisse -ditum +*dat* II.636
ob-dūcere I.286
ob-dūrāre II.178
ob-icere -iēcisse -iectum II.(641),643
ob-orīrī -ortum II.88
ob-scēnus -a -um pāg.7.50; II.584
ob-sequium -ī *n* II.179,181,183
ob-servāre II.617
ob-sidēre -sessisse -sessum II.526
ob-stāre III.619
*oc-cidere* -disse I.593
oc-culere -uisse -tum III.261
occupāre II.588
odiōsus -a -um II.635
odor -ōris *m* III.277
odōrātus -a -um I.521; II.734
odōrus -a -um I.287
of-fendere -disse -ēnsum III.230
olea -ae *f* I.758; II.(518)
oleum -ī *n* III.(443)
olēre I.95; III.690
*onerāre* I.19; III.129
*onus* -eris *n*, onerī esse II.586
opācus -a -um II.619
opem *acc* *f* I.368; ope *abl* II.52
operātus -a -um +*dat* III.411
operōsus -a -um I.399; III.219
opēs -um *f pl* I.628; III.114,132
op-pōnere I.158; II.244,584; III.731
op-primere -pressisse -pressum
  III.721
optātus -a -um II.156
ōrātōrius -a -um pāg.5.4
*ōrdīrī* -ōrsum III.101
ōrdō -inis *m;* ōrdine nātus III.279
orīgō -inis *f* I.143
ōrnātrīx -īcis *f* III.239

ōrnātus -ūs *m* III.135,152
*ortus* -ūs *m* III.724
ōs ōris *n* III.74,; *pl* III.140,239,678,
  726,730
ovīle -is *n* II.364; III.8
P
paelex -icis *f* I.320,321,365; II.377;
  III.677,684,701,739
*paenitēre* -uisse; -et +*acc/gen* II.592
paetus -a -um II.659
palam *adv/prp* +*abl* II.549,569;
  III.167
pallēns -entis II.105
*pallēscere* -luisse III.703,704
palliolum -ī *n* I.734
palma -ae *f* I.535
*palūs* -ūdis *f* I.554
pandere -disse passum III.500,709
pār paris *m* II.483; III.3
parāre +*īnf* II.98
parcere +*dat* I.716; +*īnf* II.557,641;
  III.9
parcus -a -um I.281; *adv* parcē II.639
*parēns* -entis *f* II.383
parere -iō peperisse partum I.757;
  II.13; III.185
pars ... pars I.563
partēs (agere) I.278; II.198; ad partēs
  venīre II.546
partus -ūs *m* I.326; III.81,521
pāscere pāvisse pāstum III.36
pāscua -ōrum *n pl* I.96; III.120
passim *adv* I.41; II.615
patēns -entis *adi* II.620
patēre III.372,729
paternus -a -um II.26
*patrius* -a -um II.70
*paulātim adv* II.184; III.745
*pavidus* -a -um II.88,148
peccāre II.(173),365,492,558
peccātum -ī *n* II.173,390
pecten -inis *m* I.(367)
pectere -xisse -xum I.367; III.235
pectus -oris *n* I.361; II.736; III.372
*pecus* -udis *f* I.28
pellere pepulisse pulsem I.538
pellis -is *f* I.516; III.77
*pendēre* pependisse I.103; III.425
penetrāre III.291
pēniculus –ī *m* III.(216)
*per-agere* II.480,665
per-arāre I.455; III.485
per-ennāre III.42
perfectus -a -um II.547
per-ferre -tulisse-lātum I.457
*perfidus* -a -um I.536
per-fungī -fūnctum +*abl* II.227
perīclum (= perīculum) -ī *n* II.247
*perītus* -a -um pāg.6.24; I.29; +*gen*
  II.(101)
periūrium -ī *n* I.633
per-latēre III.416

104

per-manēre II.120
per-scrībere I.571
per-sequī I.435
per-stāre I.477; II.560
per-timēscere -muisse I.14
per-tinēre III.501
per-unguere III.756
per-vagus -a -um II.18
per-versus -a -um III.246,287
petulāns -antis adi I.767
pharetra -ae f III.516
philtrum -ī n II.105,106
piāre III.160
pictor –ōris m III.(401)
pietās -ātis f III.321; III.39
pigēre, piget (+acc) I.621; III.717
pignus -oris n I.168; II.248,378;
   III.486
pilus -ī m I.520; III.194
pingere pīnxisse pictum II.132,139
pinguis -e I.360; III.276
pinna -ae f I.627; II.22,45,49,57,62,
   95,97,644
pīnus -ūs f II.9
piscōsus -a -um II.82
pix picis f II.658
pius -a -um III.14,347
plācāre I.321
placidus -a -um I.12; III.386
placitus -a -um I.37
plaga -ae f I.270; III.428
plānus -a -um, n II.243
plaudere -sisse -sum I.630
plausus -ūs m I.113
plectrum -ī n III.319
plēnus -a -um III.267
pluvia -ae f III.(174)
pluvius -a -um III.174
pollex -icis m II.494
pollicitum -ī n I.268,355,444,632
pompa -ae f I.147
pōmum -ī n I.457; II.605
pondus -eris n II.263; III.220
pōnere posuisse positum III.740
porticus -ūs f I.(67),72
postis -is m II.527,636
post-modo adv I.486; II.178,322
potēns -entis adi III.258
potīrī -ītum +abl I.711,737; II.338
pōtus -a -um III.753
praebēre -uisse -itum I.16,111,163;
   II.347,375,489,581; III.40,235, 626
prae-cēdere II.(57)
prae-ceps -cipitis adi, n per praeceps.
   II.245
praeceptor -ōris m I.(0),17; II.161,
   497
praeceptum -ī n II.745; III.57,257
prae-cipere -iō -cēpisse -ceptum
   pāg.6.24; I.264; II.273; III.197
praecipuus -a -um I.266 -
praecōnium -ī n I.623

praeda -ae f I.114,125; II.2
praedārī III.419
prae-ficere -iō -fēcisse -fectum I.7
praesidium -ī n III.207
prae-struere -ūxisse -ūctum II.21
prae-sūmere III.757
praeter-īre -eō -iisse III.63,64,612
prae-vius -a -um I.542; II.57
prātum -ī n I.279,299
precēs, sg abl prece I.441
premere pressisse pressum I.286;
   III.12
prēndere -disse -sum = prehendere
   II.559
pretium -ī n I.155
prīmōrdium -ī n III.337
prīscus -a -um pāg.6.32; I.71; III.128;
   n pl III.121
prō prp +abl II.228
probāre II.199,300; III.137
probrum -ī n III.716
prō-dere -didisse -ditum I.326;
   III.228,668
prōd-īre -eō -iisse III.171
prō-dūcere II.211
pro-fānus -a -um II.601
pro-fitērī -fessum I.719; II.639;
   III.433
profugus -a -um III.337
prō-gredī -gressum pāg.6.29
prōls -is f III.725
prō-lūdere III.515
prōnus -a -um III.674
propior -ius comp (+dat) II.61,85, n
   pl II.511
prō-pōnere II.516
prō-positum -ī n I.470
protervus -a -um; adv protervē, comp
   protervius I.599
proximitās -ātis f II.662
prō-venīre III.102
prūdentia -ae f II.675
pudendus -a -um II.(613),618;
   III.442,768
pudēns -entis adi I.767
pudīcitia -ae f I.(31,100)
pudīcus -a -um pāg.7.44; I.(31);
   adv -ē I.(672)
pudor -ōris m I.31,100,608,672;
   II.624; III.58,247,614; pudor est
   III.203
puer -erī m II.264
pulpita -aē f I.104
pulvīnus -ī m I.160
pulvis -eris m I.149,151; (carbōnis)
   III.628
pūmex -icis m I.506
puppis -is f (: nāvis) I.6,402
purpureus -a -um II.(297),316;
   III.181,687
pūrus -a -um III.137
pyxis -idis f III.210

Q
qua (= aliqua) f I.127
quā adv I.285,528; II.64; III.763; quā
   potes I.140; III.262
quadru-pēs -pedis m I.629
quaerere -sīvisse -sītum III.199
quālis-cumque quāle- II.284
quam-libet III.312,642
quam-vīs pāg.5.5; I.21,298; II.213,
   215; III.483
quandō, sī quandō II.15
quantulus-cumque -a- -um- III.264
quantum in tē III.35
-que ... -que I.163-164,246,293;
   II.49,127,153,183,269,348; III.478,
   763
quercus -ūs f II.622
querēlla -ae f III.455
querī questum pāg.7.56; II.551
quic-quid I.56,599; II.176,199
quī-cumque quae- quid/quod- I.157,
   577,596,675; II.295,661,743;
   III.275,683,715
quiēs -ētis f I.639; III.695
quī-libet quae- quod- I.108,152,250,
   444,612,632; II.366,628; III.766
quīn I.316; quīn etiam II.269
quis adi (= quī) III.172
quō I.303
quondam adv III.220,811
quotiēns I.(13),313,321,430; II.125,
   395,447,567; III.477,481,641
quotus -a -um II.663; quotus quisque
   III.103
R
rabidus -a -um II.374; III.8,501
racēmus -ī m I.57; III.703
rādere -sisse -sum I.437
radiāre III.451
radius -ī m I.724
rāmōsus -a -um III.149
rapīna -ae f I.(101),675; III.760
raptor -ōris m I.680; III.254
rārus -a -um III.261
rastrum -ī n I.726
ratiō -ōnis f: ratiōne I.447
ratis -is f (: nāvis) I.3,172,412,558,
   772; II.514; III.312,390
ratus -a -um I.(634); III.613
raucus -a -um III.289
rāvus -a -um II.659
-re = -ris pass 2 sg I.423,427,449,
   460,468,711,737,767; II.111,180,
   270, 338; III.263.753
re-cal-facere II.445; imp -face
re-cēns -entis adi III.627
re-cīnctus -a -um I.529
re-condere -didisse -ditum I.628
re-cubāre II.342
red-dere -didisse -ditum III.295
red-imere -ēmisse -ēmptum II.172
reditus -ūs m II.29

re-*ferre* ret-tulisse -lātum pāg.5.6; I.283; II.128; III.317,499,700

re-*fugere* I.717

rēgīna -ae ƒI.311

rēgnum -ī n III.118

re-lēgāre pāg.6.40

re-levāre III.697

re-ligāre I.(530); III.143

remedium -ī n pāg.6.27

rēmex -igis m I.368

rēmigiùm -ī n II.45,126

re-mittere: *part* remissus II.599

re-mōtus -a -um II.487

re-nīdēre II.49

re-pectere – -pexum III.154

re-pellere reppulisse -pulsum I.(346); III.491

re-pendere -disse -pēnsum II.677

re-*petere* III.747

re-plēre -ēvisse -ētum III.201

re-poscere III.253

repulsa -ae ƒI.346

requiēs -ētis (*acc* -iem) II.351,490

requiētus -a -um III.351

re-quīrere -quīsīvisse -quīsītum II.349; III.169

rērī ratum III.733

re-scrībere I.479,481; III.473,495

re-secāre -uisse -sectum I.518

re-sīdere -sēdisse I.373; III.696

re-solvere -visse -lūtum II.587; III.238,272,313

re-*sonāre* III.375

re-*spicere* -iō -exisse -ectum I.157; II.73

re-stāre II.37

re-*stituere* -uisse -ūtum II.492

reus -ī m I.460

re-vehere II.138

re-vellere -lisse -vulsum II.100

rictus -ūs m III.283

rigāre I.532

rigēre II.116

rigidus -a -um I.517; II.664

rītus -ūs m II.601

rīvālis -is m II.539

rixa ae ƒIII.71,374

*rogus* -ī m II.120

rōs rōris m III.(180),690

rōscidus -a -um III.180

*rōstrum* -ī n II.465

rota -ae ƒI.40,264; II.230; III.396

rotāre II.374

*rotundus* -a -um III.140

rubor -ōris m III.167

rudere -īvisse III.290

rudis -e I.111; III.113,228

rudis -is ƒIII.515

*ruere* ruisse I.97,119; II.379

rūga -ae ƒI.240; II.118; III.73,444

rumpere rūpisse ruptum I.539; III.708

rūpēs -is ƒIII.195

rūs rūris n; rūre *loc* II.229

rūsticitās -ātis ƒI.672; III.128

rūsticus -a -um II.566

S

*sacer* -cra -crum I.564; II.266,495, 510; III.403,688

*sacra* -ōrum n pl I.319,567; II.602, 607; III.616

*sacrāre* III.389

sacrilegus -a -um I.435

saevīre -iisse II.461

salīre +*acc* II.485

saltāre I.(111),595; II.305; III.349

saltus -ūs m I.95,311

salūbris -e III.693

sānctus -a -um III.407

sanguinolentus -a -um I.414; III.242

sanguis -inis m II.658

*sapere* -iō -īvisse I.760; II.173

sauciāre III.239,708

saucius -a -um I.169

scaber -bra -brum III.276,290

scaena -ae ƒI.106

scamnum -ī n I.162; II.211

scapulae -ārum ƒpl III.273

scrīptum -ī n I.469; III.340,481

sectārī II.57

sēcūrus -a -um I.639; II.443; III.259

*sēdēs* -is ƒII.39; III.436

sēdulus -a -um I.154; III.699

seges -etis ƒI.57,349,360; II.668; III.102

segmentum -ī n III.169

sēgnis -e II.233

sēmi-bōs -bovis m II.24

sēmi-re-dūcere II.614

sēmi-vir -ī m II.24

*senātus* -ūs m I.461

senecta -ae ƒIII.59

senēscere -nuisse III.82

sera -ae ƒII.244,636

sērō *adv* I.(65),478; III.676; *comp* sērius I.(65)

serpēns -entis ƒ/m II.483

serta -ōrum n pl II.734

sērus -a -um I.65; II.224,667; III.703, 751; *adv* sērō I.(65),478; III.676

servīre II.435

sīdereus -a -um II.39

*sīdus* -eris n I.557,724; II.468

sigillum -ī n I.407.

signāre I.39,291; II.384; III.203,275, 343

signum -ī n II.234

silēre +*acc* pāg.7.46,48; II.(603)

simplex -icis *adi; adv* simpliciter I.106

simplicitās -ātis ƒI.242; III.113

*simulāre* I.678; III.179

simulātor -ōris m I.615

sīmus -a -um II.486

sincērus -a -um III.202

sinus -ūs m I.128,561; II.360,458; III.34,500,622,698,722,743

sitiēns -entis *adi* II.231

situs -ūs m II.443

socius -a -um I.143,566; II.377

*socius* -ī m I.13; III.314

sodālis -is m I.741

solea -ae ƒII.212

solidus -a -um II.640

solitus -a -um I.94; II.148; III.727

sollemnis -e I.133

sollicitāre I.484

sollicitus -a -um I.101,164; III.374, 472; *adv* -ē III.749

sōlus -a -um II.473

solvere -visse -lūtum II.237,317,371, 460

*sonāre* -uisse I.537; II.610; III.286, 289

sonus -ī m III.700

sopor -ōris m I.639

sorbēre -uisse II.352

spatiārī I.67

spatiōsus -a -um II.645

spatium -ī n II.114,455,487; III.278,724

speciēs -ēī ƒII.233; III.441

speciōsus -a -um III.421

spectāculum -ī n I.(171); II.581; III.351

spīculum -ī n II.520; III.516

spīna -ae ƒII.116

spīritus -ūs m III.741,746

spissus -a -um II.132

splendēre III.231

spolia -ōrum n pl II.744; III.812

spoliāre III.449

sponte (suā) pāg.5.11; I.610

stāre II.206

statiō -ōnis ƒIII.434

sterilis -e I.450,553

stimulāre I.591

stimulus -ī m II.444

stipula -ae ƒIII.118

stultitia -ae ƒII.(361)

stupor -ōris m II.361

sub-dolus -a -um I.598

sub-dūcere III.123

sub-esse I.405; II.436

sub-ēsse -edō -ēdisse -ēsum I.620

sub-īre I.362,742; II.184; III.373

sub-rubēre II.316

sub-secāre I.300

suc-cīnctus -a -um III.143

*suc-cumbere* -cubuisse III.767

sūcus -ī m II.491; III.187

sulcus -ī m II.513

sulphur -uris n II.441

summa -ae ƒIII.404

sum-movēre III.234

*superāre* I.771; II.491,743; III.399

*superbia* -ae *f* III.(499),509
superbīre III.103
supercilium -ī *n* III.201
super-esse pāg.7.49; II.637; III.1
superstes -itis *adi* III.128
superstitiō -ōnis *f* I.417
*supplex* -icis *adi* I.713; II.527
sup-priměre -pressisse -pressum
  III.735
sūra -ae *f* III.623
*sus-cipere* -iō -cēpisse -ceptum
  III.198
*suspectus* -a -um III.741
su-spīrāre I.369; III.675
T
tabella *-ae f* I.71; I.161
tābēscere -buisse II.89
tacēre + *acc* pag.7.(46); II.604,607
taciturnus -a -um II.505
taedium -ī *n* I.718; II.346
tālus -ī *m* II.205; III.353
tangere tetigisse tāctum III.748
tardāre II.231
tēctus -a -um (*part* < tegere) I.569;
  *adv* tēctē, *comp* tēctius I.276
*tegere* tēxisse tēctum I.108,549,720;
  II.96,589,640; III.230,232,284,689
tēgula -ae *f* II.622
tellūs -ūris *f* I.757; II.36,96
*tēlum* -ī *n* I.169; II.463
*temptāre* pāg.5.7,10,12; I.273,365,
  437,456; II.37; III.469
tempus -oris *n* II.231
tempus -oris *n* (fromtis latus) I.510
*tendere* tetendisse tentum I.270;
  III.419
*tener* -a -um I.7,129,162,403,410,465,
  532,667; II.100,110,212,273,452,
  534,546,745; III.31,333
tenēre I.445
tentōrium -ī *n* II.137
tenuāre I.761
tepēns -entis *adi* III.185
tepidus -a -um II.360,445; III.174,
  395.622
terere trīvisse trītum I.20,506; (viam)
  I.52
teres -etis *adi* I.622; II.211
tergum -ī *n* III.112; tergum dare I.272
ternī -ae -a III.394
tessera -ae *f* I.(452); III.354
testārī II.599
testificārī II.270
tetricus -a -um I.721
*thalamus* -ī *m* I.311; II.617; III.228,
  807
thymum -ī *n* I.96
thyrsus -ī *m* III.710
tībia -ae *f* III.505
*tigris* -is *f* I.550,559; II.183
tingere tīnxisse tīnctum I.251
titubāre I.598

tōnsūra -ae *f* I.517
torpēre II.443
torquēre torsisse tortum I.176,505;
  II.124, 304
*torus* -ī *m* I.564,566; II.370; III.264
torvus -a -um II.453
*tot-idem* I.436; III.15
totiēns *adv* I.13,306
tractāre II.49
trahere -xisse -ctum I.631; III.422
trā-nāre II.181
trāns-nāre II.41,250
trepidāre II.90
*trepidus* -a -um I.460; III.722
tribuere -uisse -ūtum III.381
trīstis -e I.409,483,521
trītus -a -um I.518
trochus -ī *m* III.383
trux trucis *adi* II.477; III.193,502
tuī *gen* < tū I.718
tumēre III.260,503
tumidus -a -um I.715
tundere tutudisse tūnsum I.535
tunicātus -a -um II.301
turbidus -a -um III.246
turdus -ī *m* II.269
tūricremus -a -um III.393
turma -ae *f* III.2
turris -is (*acc* -im, *abl* -ī) II.150;
  III,416
tūs tūris *n* I.638
tympanum -ī *n* I.538
U
*ūber* -eris *n* I.350; II.375
ūber -eris *adi* III.382
ulcīscī ultum I.284; II.382
ultor -ōris *m* I.24
umbrāculum -ī *n* II.209
umbrōsus -a -um I.289; II.81
*unda* -ae *f* I.475,531,723,761; II.9,36,
  41,95,142,182; II.598; III.177,196
unguere ūnxisse ūnctum I.288
unguis –is *m* I.519; II.452; III.240,
  276,708
ūrere ussisse ustun III.448
ūsque I.140,454,480; II.74
*ūsus* -ūs *m* I.29,473; II.339,611,676
ut (+ *coni*) I.678
ūtendus -a -um I.433
ūtilis -e I.159; II.642,667; III.417
ūtilitās -ātis *f* III.671
utrimque *adv* III.283
uxōrius -a-um II.155
V
vacca -ae *f* I.(279),313,325; II.239;
  III.393
*vadum* -ī *n* I.437; II.82; III.469
vafer -fra -frum III.332,611
vagus -a -um I.516; III.418
valēns -entis *adi* I.466; III.109
valēre I.561
vānēscere II.358

*vāstus* -a -um II.18
*vātēs* -is *m* I.29,525; II.11,165,739;
  III.347,408
vel III.645
vēlāmen -inis *n* II.613; III.267
vēlāre I.529; III.179,202
vēlum -ī *n* I.103; vēla dare II.64
*vēnārī* I.89
vēnātor -ōris *m* I.45
venēnum -ī *n* II.(520); III.(7)
venerābilis -e III.407
venia -ae *f,* veniam dare II.38
*vēn-īre* -eō -iisse II.278; III.167
venus -eris *f* I.33,275,719
verba dare + *dat* I.721; II.558; III.618
verēcundus -a -um II.572
versāre I.726; III.718
vēsānus -a -um II.610
vetāre -uisse -itum II.594;III.236;
  vetitus -a -um I.283; *pass* II.594
vetustās -ātis *f* II.647; III.77
vicem *acc:* vicem re-ferre I.370; in
  vicem II.154
vīcīnus -a -um I.350; II.59
vidēre II.371; III.571; vidēre ut I.353
viduus -a -um I.102
*vigil* -is *adi* II.136; III.412,612
vigilāre + *dat* III.413; *part* vigilātus
  -a -um I.735; II.285
*vinc(u)lum* -ī *n* I.46,85; III.272
vindicta -ae *f* III.615
vīnōsus -a -um III.330
viola -ae *f* II.115
violāre I.(374),675; II.381
violentus -a -um; *adv* violenter, *comp*
  violentius I.23
vīpera -ae *f* II.376
virēre I.758
virga -ae *f* II.131,209,342
virgineus -a -um III.168
viridis -e I.402; II.3,92; III.130,688
virīlis -e I.282
virtūs -ūtis *f* II.13,537,603
vīrus -ī *n* III.7
vitium -ī *n* I.249; II.320,553,641,654,
  662; III.262,754
vitta -ae *f* I.31; III.483
vitulus -ī *m* II.341
volātilis -e I.169
volucer -cris -cre II.98
*volucris* -is *f* I.271; II.45,471; III.35
voluptās -ātis *f* I.347; II.477,623
vōmer -eris *m* I.474,725
*vōtum* -ī *n* I.64,90,486,671, 712,737;
  III.404,674
vulgāre II.601
vulgus -ī *n* pāg.6.21; I.268; II.536;
  III.46
vulnus -eris *n* I.166,611

# INDEX NOMINVM

Dīdō -ōnis *f* = Elissa, rēgīna Carthāginiēnsium. quae ab Aenēā dēserta sē interfēcit pāg.5.19; III.(40)

Diōnē -ēs *f*, dea, māter Veneris; Venus II.593; III.3,769

Dolōn -ōnis *m*, Trōiānus, ā Diomēde occīsus II.135

E

Elissa -ae *f* = Dīdō, III.40

Ennius -ī *m*, poēta Rōmānus antīquus III.409

Epicūrus -ī *m*, philosophus Graecus I.(640)

Epistulae ex Ponto, titulus carminum Ovidiī pāg.7.54

Eratō -ūs *f*, Mūsa II.16

Erōs -ōtos *m* (*Gr*), Cupīdō II.(16)

Eurōpa -ae *f*, quam Iuppiter in taurum mūtātus abdūxit I.323; III.(252)

Eurytiōn -ōnis *m*, centaurus I.593

F

Fāstī -ōrum *m pl*, titulus carminis Ovidiī pāg.6.34

Fors -rtis *f*, Fortūna, dea I.608

Forum (Rōmānum) I.164; II.223

G

Gallus -ī *m*, poēta Rōmānus III.334

Gargara -ae *f*, pars Phrygiae fertilissima I.57

Germānus -a -um < Germānia III.163

Geta -ae *m*, nōmen servī (in cōmoediīs) III.332

Gorgō -onis *f*, mōnstrum; *adi* Gorgoneus -a -um III.504

Grādīvus -ī *m* = Mārs II.566

Grāius -a -um = Graecus I.54

Grātia -ae *f*, dea II.464

H

Haedus -ī *m*, sīdus I.410

Haemonia -ae *f* = Thessalia; *adi* Haemonius -a -um I.6; II.99,136

Hector -oris *m*, dux Trōiānus I.15, 441; II.646

Helena -ae/Helenē -ēs *f*, fīlia Iovis et Lēdae, uxor Menelāī, ā Paride rapta I.(54); II.(6,357),359,365,371; III.11,253.759

Helicōn -ōnis *m*, mōns Boeōtiae, sēdēs Apollinis et Mūsārum pāg.6.9

Hellēspontus -ī *m*, fretum angustum inter Eurōpam et Asiam II.(250)

Herculēs -is *m* II.(217); III.168

Herculeus -a -um < Herculēs I.68

Hērō -ūs *f*, Veneris sacerdōs, quam Lēandrus amābat II.(249)

Hērōidēs -um *f pl*, titulus carminum Ovidiī pāg.5.17; III.(345)

Hēsiodus -ī *m*, poēta Graecus J.(28); II.(4)

Hippodamīa -ae *f*, fīlia rēgis Oenonaī quam Pelops rapuit II.

Hippolytus -ī *m*, fīlius Thēseī I.511

Homērus -ī *m*, poēta Graecus clārissimus pāg.5. (8); II.(4),109,279,280; III.413

Horātius Flaccus, Q., poēta Rōmānus pāg.6.14

Hybla -ae *f*, regiō Siciliae II.517; III.150

Hylās -ae *m*, adulēscēns fōrmōsus ā Nymphīs raptus II.110

Hymettus .ī *m*, mōns prope Athēnās III.687

I

Iāsōn -onis *m*, dux Argonautārum pāg.6.20; I.(0); III.33

Īcaria -ae *f*, īnsula maris Aegaeī II.(96)

Īcarium -ī *n*, mare, II.(96)

Īcarus -ī *m*, fīlius Daedalī II.(29,30), 76,93,94,95

Īda -ae *f*, mōns Crētae I.289

Īdalium -ī *n*, cīvitās Cyprī; *adi* Īdalius -a -um, dea Idalia, Venus III.106

Īlias -adis *f*, opus Homērī dē bellō Trōiānō III.414

Īlios *f* = Īlium, Trōia I.363

Illyricum -ī *n*, regiō ultrā mare Hadriāticum; *adi* Illyricus -a -um II.658

India -ae *f*, regiō Asiae; *incolae* Indī -ōrum *m pl* I.53; *sg* III.130

Īō -ōnis *f*, paelex Iovis, in vaccam mūtāta I.323

Īsis –idos *f*, dea Aegyptia III.(393)

Italia -ae *f* pāg.6.2

Iūnō -ōnis *f*, dea, Iovis coniunx I.625, 635; *adi* Iūnōnius -a -um I.627

Iuppiter Iovis *m*, rēx deōrum I.633, 636,713,714,726; II.38,540; sub Iove I.726; II.623; III.116,379,420

L

Lāodamīa -ae *f*, uxor Prōtesilāī, ducis Graecī III.138

Latium -ī *n*, regiō Italiae III.338

Lēandrus -ī *m*, adulēscēns II.251

Lebinthos -ī *f*, īnsula maris Aegaeī II.81

Lēda -ae/Lēdē -ēs *f*, femina pulcherrima, quam Iuppiter amāvit, māter Helenae III.251

Lēmnos -ī *f*, īnsula maris Aegaeī Vulcānō sacra II.579; Lēmnias -adis *f*, incola III.672

Leō -ōnis *n*, sīdus I.68

Lēthē -ēs *f*, fluvius apud Īnferōs; *adi* Lēthaeus -a -um III.340,647

Līber -erī *m*, Bacchus I.525; III.101

Līvia, porticus, in Ēsquiliīs, < Līvia -ae *f*, coniūnx Augustī I.72; III.(391)

Lyaeus -ī *m*, Bacchus, vīnum III.644, 765

M

Machāonius -a -um < Machāon -onis *m*, medicus Graecōrum II.491

Maenalius -a -um < Maenalus -ī *m*, mōns Peleponnēsī I.272

Maeonia -ae *f*, Lȳdia, Homērī patria pāg.5.(8); *incola* Maeonidēs -is *m*, Homērus pāg.5.8; Maeonius -ī *m* II(0).4

Magna Māter, Cybelē, dea Phrygia I.(507)

Mārcellus -ī *m*, fīlius Octāviae I.(67,69)

Mārs Martis *m*, deus bellī I.406; II.562,563,569,587

Mārsus -a -um < Marsī, gēns Italiae II.102

Māvors -rtis *m* = Mārs II.585

Mēdēa -ae *f*, uxor Iāsonis pāg.6.20; II.(101,103); *adi* Mēdēis -idis II.101

Memphis -is *f*, urbs Aegyptī; *adi f* Menphītis -idos III.393

Menander -drī *m*, poēta Graecus cōmoediārum III.(332)

Menelāus -ī *m*, rēx Spartae, Helenae marītus II.359,361,(371); III.253

Metamorphōsēs *m pl*, titulus Ovidiī carminum pāg.6.31

Methymna -ae *f*, oppidum Lesbī īnsulae I.57

Mimallonis -idis *f*, Baccha I.541

Minerva -ae *f*, dea = Pallas I,(625); II.559

Mīnōis -idis *f*, Ariadna, fīlia Mīnōis I.509

Mīnōs -ōis *m*, rēx Crētae I.302,309; II.21,25,35,52,53,97

Mīnōtaurus -ī *m*, I.(326); II.(24)

Moesia -ae *f*, prōvincia Rōmana ad Pontum Euxinum pāg.6.40

Mulciber -eris *m* = Vulcānus II.562, 577

Mūsae -ārum *f pl*, novem deae quae singulīs artibus praesunt II.279, III. (348),412; *sg* III.330

Myrōn -ōnis *m*, artifex signōrum III.219

Myrrha -ae *f* I.285

Mȳsia -ae *f*, regiō Asiae; *adi* Mȳsus -a -um III.196

N

Nāiadēs -um *f pl*, Nymphae fluviōrum II.110

Nāis -idis *f*, Nympha I.732

Nāsō -ōnis *m*, cognōmen: P. Ovidius Nāsō, poēta, pāg.5.1; 6.39; II.744; III.812

Naxos -ī *f*, īnsula maris Aegaeī I,(323); II.79

Neptūnus -ī *m*, deus maris II.587

Nestor -oris *m*, senex sapientissimus 4II.736

Nīliacus -a -um < Nīlus III.318

Nīreus -ī *m*, vir Graecus fōrmōsus II.109

Notus -ī *m*, ventus quī ā merīdiē flat
I.634

Numidia -ae *f*, regiō Āfricae; *adi*
Numida -ae *m* II.183

Nyctelius. pater, Bacchus I.567

Nympha -ae *f*, dea silvārum et fluviōrum III.178

**O**

Octāvia -ae *f*, Augustī soror, māter
Mārcellī I.(67, 69); III.(391)

Odrysae -ārum *m pl* , gēns Thrāciae;
*adi* Odrysius -a -um II.130

Olympia -ae *f*, regiō in mediā Graeciā:
*adi* Olympicus -a -um, lūdī Olympicī I.(727)

Ōriōn -onis *m*, vēnātor I.731; sīdus
II.56

Ovidius Nāsō, P., poēta Rōmānus
pāg.5.1,13; 6.29,39; 7.44,57

**P**

Paeān -ānis *m*, Apollō II.1

Palaestīnus -a -um < Palaestīna -ae *f*:
Iūdaea I.416

Palātium -ī *n*, collis Rōmānus I.105;
III.119,389

Pallas -adis *f*, dea = Minerva I.625;
II.518; III.506 *adi* Palladius -a -um
I.727

Paphos -ī *f*, cīvitās Cyprī Venerī sacra
II.588; *adi* Paphius -a -um III.181

Paraetonium -ī *n*, cīvitās Aegyptī;
*adi* Paraetonius -a –um (: Aegyptius) III.390

Paris -idis *m*, Priamī fīlius, quī rapuit
Helenam I.(54),247; II.(5); III.(254)

Paros -ī *f*, īnsula maris Aegaeī I.80

Parthī -ōrum *m pl*, gēns Asiae II.175;
*adi* Parthus -a -um III.248

Pāsiphaē -ēs *f*, Sōlis fīlia, coniūnx
Mīnōis I.(289),295.303; II.(23)

Pelops -pis *n*, filius Tantalī, narītus
Hippodamīae II.(7)

Pēnelopē -ēs *f*, uxor Ulixis pāg.5.19;
I.477; III.15

Penthesilēa -ae *f*, rēgīna Amāzonum
III.2

Pergama -ōrum *n pl*, arx Trōiae
I.478; II.139

Perseus -ī *n*, fīlius Iovis et Danaēs,
Andromedam servāvit I.53

Persia -ae *f*, regiō Asiae; *adi* Persis
-idis (= Persicus -a -un) I.172

Phaedrā -ae *f*, uxor Theseī I.511

Phāsias -adis *f*, Mēdēa, uxor Iāsonis,
II.103,382; III.33; < Phāsis -idis *m*,
flūmen Colchidis

Pherae -ārum *f pl*, cīvitāsThessaliae;
*cīvis* Pheraeus –ī *m* II.239

Philētās -ae *m*, poēta Cōus III.(329)

Phillyra -ae *f*, Nympha I.(11)

Phillyridēs -ae *m*, Chīrōn. Phillyrae
filius I.11

Phoebē -ēs *f*, virgō ā Castore et Pollūce violāta I.679

Phoebus -e *m*, Apollō I.25; II.241,
509; III.119,142,347,389

Phrygia -ae *f*. regiō Asiae; *adi* Phrygius -a -um I.54,508,625

Plīadēs -um *f pl*, sīdus I.409

Podalīrius -ī *m*, medicus Graecōrum
apud Trōiam II.735

Pompēius -a -um; umbra Pompēia:
porticus Pompēia I.67; III.387

Pontus (Euxinus), mare inter Eurōpam et Asiam pāg.7.55

Priamus -ī *m*, rēx Trōiānōrum I.441;
*adi* Priamēius -a -um II.5;

Priamidēs -is *m*, Priamī fīlius, Paris
III.759

Procnē -ēs *f*, quae fīlium occīdit et in
hirundinem nūtāta est II.(383)

Procris -is *f*, uxor Cephalī III.686,
701,714,727

Propertius -ī *m*, poēta Rōmānus
pāg.6.14; III.333

Prōteus -ī *m*, deus maris, I.761

**R**

Remedia amōris, titulus carminis
Ovidiī pāg.6.37

Rhēsus -ī *m*, ex Thrāciā, socius
Priamī ā Diomēde occīsus II.(130),
137,140

Rōma -ae *f* pāg.5.3,13;7.54; I.55,59;
III.113,337

Rōmānus -a -um < Rōma, pāg.7.52:
I.459; *m pl* pāg. 6.35

Rōmulus -ī *m*, prīnus rēx Rōmānus
I.101,131

**S**

Sabīnī -ōrum *m pl*, gēns Italiae
I.(101); Sabīna -ae *f* I.102

Sacra Via, per Forum Rōmānum
ferēns II.266

Samos -ī *f*, īnsula maris Aegaeī II.79;
Samos Thrēicia (= Samothrāca),
īnsula maris Aegaeī II.602

Sapphō -ūs *f*, poēta fēmina ē Lesbō
III.331

Satyrus -ī *m*, comes Bacchī I.542;
III.157

Scīpiō -ōnis *m*, dux Rōmānōrum quī
Carthāginiēnsēs vīcit III.410

Semelē -ēs *f*, fēmina pulcherrima,
quam Iuppiter amāvit, Bacchī māter
III.251

Sīdē -ēs *f*, Nympha I.731

Sīdōn -ōnis *f*, urbs Phoenīcēs; *cīvis*
Sidonis -idis *f*, Eurōpa III.252

Simoīs -entis *m*, fluvius ad Trōiam
II.134

Sīrēnēs -um *f pl*, duae virginēs quae
nautās cantū alliciēbant III.311

Sīsyphidēs -is *m*, Ulixēs, Sīsyphī
fīlius III.313

Sīthonia -ae *f*, Thrācia; *adi* Sīthonius
-a -um II.137

Sōl -is *m*, deus II.573,575

Somnus -ī *m*, deus II.546

Styx -ygis *f*, fluvius apud Īnferōs
I.635; II.41; *adi* Stygius -a -um II.41

Sulmō -ōnis *m*, cīvitās Italiae, patria
Ovidiī poētae pāg.6.1

Syrus -ī *m*, incola Syriae I.416

**T**

Tantalus -ī *m*. rēx Phrygiae II.605

Tatius -ī *m*, cum Rōmulō rēgnāvit
III.118

Tecmessa -ae *f*, Trōiāna, ancilla
Āiācis facta III.517,519

Tegeaea virgō, Callistō, sīdus II.55

Teos -ī *f*, cīvitās Lȳdiae; *adi* Tēius -a
-um III.330

Telamōnius -ī *m*, Āiāx, fīlius Tele-
mōnis, dux Graecōrum II.737

Thalēa -ae *f*, Mūsa I.264

Thamyrās -ae *m*, fidicen caecus
III.399

Thēseus -ī *m*, Athēniēnsis, Ariadnam
abstulit pāg.6.20; I.509,531, 551;
III.35

Thessalia -ae *f*, regiō Graeciae I.(6)

Thrācē -ēs *f* = Thrācia -ae *f*, regiō
Graeciae ad Hellēspontum II.588;
*adi* Thrēicius -a -um II.602; III.182

Tibullus -ī *m*, poēta Rōmānus
pāg.6.14; III.334

Tīphys -yis *m*, gubernātor Argūs I.6,8

Tomī -ōrum *m pl*, cīvitās Moesiae
maritima pāg.6.39; 7.57

Trīstia –ium *n pl*, titulus carminum
Ovidiī in exiciliō scrīptī pāg.7.54

Trōia -ae *f*, urbs Asiae II.127,133;
*adi* Trōicus -a -um III.254

Tūscus -a -um, ex Etrūriā I.111;
amnis (Tiberis) III.386

Tyros -ī *f*, urbs Phoenīcēs; *adi* Tyrius
-a -um, purpureus II.297; III.170

**U**

Ulixēs -ae *m*, dux Graeōrum (*Gr*
*Odysseus*) pāg.5.19; I.(477);
II.103,123

Urbs -is *f* : Rōma I.174

**V**

Venus -eris *f*, dea amōris I.7,148,
165,244,248,362,406,608,675;
II.459,480,562,563,565,582,609,
613,659; III.224,401,451.762

Vergilius Marō, P., poēta Rōmānus
pāg.6.13

Virgō -inis *f*, aquae ductus III.385

Virgō -inis *f*, sīdus III.388

Vulcānus -ī *m*, deus fabrōrum, marītus Veneris II.569, 574,589,741

**Z**

Zephyrus -ī *m*, ventus quī ab
occidente flat III.693,728

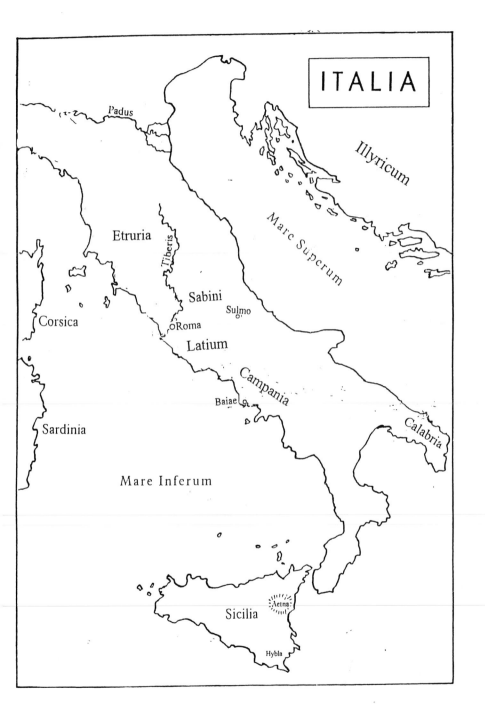

ITALIA

Padus

Illyricum

Etruria

Mare Superum

Tiberis

Sabini

Sulmo

Corsica

Roma

Latium

Campania

Baiae

Calabria

Sardinia

Mare Inferum

Aetna

Sicilia

Hybla

# FABVLAE